새 이화 한국어

새 이화 한국어 Workbook 3-2

지은이 이화여자대학교 언어교육원(이정연 • 김민정 • 윤여옥 • 전우주 • 최형연 • 주현하)
감수 김현진

펴낸날 1판 1쇄 2025년 6월 2일

펴낸이 주소현 **펴낸곳** 이화여자대학교출판문화원
주소 서울특별시 서대문구 이화여대길 52 **등록** 1954년 7월 6일 제9-61호
전화 02-3277-2965(편집), 02-362-6076(마케팅) **팩스** 02-312-4312
전자우편 press@ewha.ac.kr **홈페이지** www.ewhapress.com
책임편집 이혜지 **디자인** 김리영 **일러스트** 정윤서
녹음 오렌지 커뮤니케이션즈 **성우** 권도일, 이아름

ISBN 979-11-5890-545-3 14710
979-11-5890-490-6 (세트)

* 잘못된 책은 구입처에서 바꾸어 드립니다.

새 이화 한국어

Workbook 3-2

이화여자대학교 언어교육원 지음

이정연 • 김민정 • 윤여옥
전우주 • 최형연 • 주현하

이화여자대학교출판문화원

머리말

이화여자대학교 언어교육원은 외국인 학습자들에게 한국어 학습의 길잡이가 된 『이화 한국어』를 이을 새로운 의사소통 중심 교재인 『새 이화 한국어』를 2023년에 발간하였습니다. 새로운 시대 흐름에 맞춘 교재인 『새 이화 한국어』를 발간함과 동시에 교재에서 다룬 내용을 재확인하고 내재화시킬 수 있도록 연습서인 『새 이화 한국어 Workbook』도 발간하기에 이르렀습니다.

『새 이화 한국어 Workbook 3』은 교재에서 다룬 어휘와 표현, 문법, 듣기, 말하기, 읽기, 쓰기의 내용을 바탕으로 다양한 활용 연습이 가능하도록 설계하였습니다. 또한 학습자들의 문법 사용 능력과 의사소통 능력 향상을 동시에 향상시키고자 도모하였으며 이를 위해 정확성과 유창성을 기를 수 있도록 다양한 연습 문제를 제공하였습니다.

특히 교재에서 학습한 어휘와 표현의 의미를 정확히 파악하고 이를 실생활에서 활용할 수 있도록 연습 문제를 구성하였습니다. 또한 한국어 표현 능력 강화를 위해 말하기는 핵심어를 제시하여 실제적인 대화를 구성할 수 있도록 하였으며 쓰기는 글의 형식에 맞춰 주제 중심의 단락을 구성하는 연습이 가능하도록 하였습니다. 이와 더불어 듣기와 쓰기, 읽기와 쓰기 등 다양한 언어 기능을 연계하여 통합적인 연습이 이루어질 수 있도록 문제를 구성하였습니다. 무엇보다 각 단원의 문법 설명을 부록으로 제공하여 학습자들이 스스로 학습할 수 있도록 하였습니다. 이러한 노력들이 한국어 학습자들에게 효과적인 연습 도구가 되기를 기대합니다.

이 책이 발간되기까지 많은 분들의 땀과 노고가 있었습니다. 이화여자대학교 언어교육원을 대표하여, 좋은 워크북을 개발하기 위해 밤낮으로 고민하고 집필에 매진하신 저자 분들께 깊은 감사를 드립니다. 또한 워크북이 발간되기까지 여러 가지 행정적 지원을 아끼지 않고 수고해 주신 언어교육원 행정실에도 진심으로 감사를 드립니다. 그리고 감수를 맡아 이 책의 구성과 내용에 많은 조언을 해 주신 김현진 교수님께도 감사의 말씀을 드립니다. 마지막으로 이렇게 멋진 모습으로 워크북이 발간될 수 있도록 편집과 출판을 맡아 주신 이화여자대학교출판문화원에도 깊은 감사의 마음을 전합니다.

아무쪼록 이 책이 국내외에서 널리 활용되어 한국어를 쉬우면서도 재미있고 효과적으로 교수·학습하는 데에 크게 기여하기를 바랍니다. 아울러 앞으로 나아가야 할 한국어 교육의 방향을 선도하는 역할도 하게 되기를 기대합니다.

2025년 6월
이화여자대학교 언어교육원
원장 박선희

차례

Workbook 구성표

단원	단원명	어휘와 표현	문법	
7단원	운동 경기와 공연	기대와 결과 공연 관련	A/V-냐고 하다 V-자고 하다 A/V-다니 A/V-던데요	더 A/V-냬요 더 V-재요
8단원	실수와 사과	실수 사과와 오해	V-았/었다가 V-느라(고) V-고 말다 A/V-(으)ㄹ 텐데	더 V-지그래요 더 -되다
9단원	특별한 날	특별한 날 사건과 사고	A/V-(ㄴ/는)다거나 V-아/어 있다 A/V-(으)ㄴ/는/(으)ㄹ 모양이다 피동사	더 V-아/어지다
10단원	음식과 생활	요리 방법 맛과 먹는 방법	V-(으)ㄹ 줄 알다(방법) A/V-거든 A/V-아/어도 A/V-기는 하다	더 아무 N(이)나, 아무 N도
11단원	문제 해결	분실 고장과 수리	A-(으)ㄴ가 보다, V-나 보다 V-아/어 놓다 A/V-아/어야 A/V-(으)ㄹ 테니까(추측)	더 V-(으)ㄹ 테니까(의지)
12단원	나의 진로	진로 결정 미래에 이루고 싶은 꿈	V-아/어야겠- V-(으)려다가 A/V-(으)ㄴ/는/(으)ㄹ 만큼 V-아/어 가다	더 V-아/어 오다

듣고 쓰기	말하기	읽고 쓰기
운동 경기 관람에 대한 대화 듣고 쓰기 운동 경기 결과에 대한 대화 듣고 쓰기	인기를 끌고 있는 운동에 대해 말하기 공연 정보 듣고 약속 정하는 말하기	공연 관람 후기 게시판 글 읽기 공연 감상의 글 쓰기
친구에게 한 실수에 대해 조언 구하는 대화 듣고 쓰기 실수에 대한 대화 듣고 쓰기	문화 차이로 인한 실수에 대해 말하기 실수한 일에 대해 사과하고 사과 받는 말하기	문화 차이로 인한 고민을 상담하는 게시판 글 읽기 문화 차이로 인한 오해에 대한 경험담 쓰기
고마운 마음을 전하는 라디오 사연 듣고 쓰기 소중한 물건에 대한 대화 듣고 쓰기	특별한 날에 대해 말하기 사고에 대해 설명하는 말하기	파티 장소 제공 업체를 광고하는 글 읽기 장소 묘사의 글 쓰기
요리 방송 듣고 쓰기 시장의 유명한 음식에 대한 대화 듣고 쓰기	특별할 때 생각나는 음식에 대해 말하기 식당에서 음식 주문하는 말하기	여행지에서 경험한 음식에 대한 블로그 글 읽기 특별한 음식 재료에 대한 소개의 글 쓰기
분실한 물건에 대한 대화 듣고 쓰기 고장 난 물건에 대한 대화 듣고 쓰기	기능이 개선된 제품에 대해 말하기 고장 난 전자 제품 수리 방법에 대해 설명하는 말하기	전자 제품 수리한 날의 일기 읽기 도움을 준 사람 칭찬하는 글 쓰기
진로 걱정하는 친구에게 조언하는 대화 듣고 쓰기 자신에게 영향을 준 사람에 대한 대화 듣고 쓰기	닮고 싶은 인물에 대해 말하기 앞으로의 계획 설명하고 격려하는 말하기	자신에게 영향을 미친 사람에게 쓴 편지글 읽기 미래 계획에 대한 글 쓰기

더 더 알아보기

Workbook 구성과 사용법

- 『새 이화 한국어 Workbook 3-1』, 『새 이화 한국어 Workbook 3-2』는 『새 이화 한국어 3-1』, 『새 이화 한국어 3-2』에 맞춰 개발된 연습서이다.
- 교재에서 학습한 내용의 보충, 심화 학습이 가능하도록 설계되었으며 학습한 내용을 스스로 공부할 수 있도록 개인 학습용으로 개발되었다.
- 각 단원은 '어휘와 표현', '문법', '듣고 쓰기', '말하기', '읽고 쓰기' 총 5개 영역으로 구성되어 있다.
- 각 단원별 연습 문제 이외에 문법에 대한 주요 설명이 별도의 부록으로 구성되어 있다.

어휘와 표현

교재의 소단원 1, 3에서 다룬 '어휘와 표현'의 연습 부분이다. 어휘와 표현의 의미를 확인, 점검하는 문제와 이를 활용해 어휘 사용 능력을 향상시킬 수 있는 다양한 유형의 연습 문제로 구성하였다.

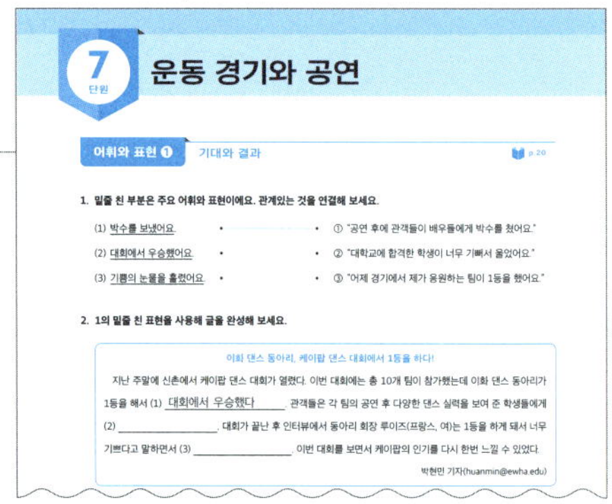
7 단원 운동 경기와 공연

어휘와 표현 ❶ 기대와 결과

문법

교재의 소단원 1, 2, 3에서 다룬 '문법'의 연습 부분이다. 정확한 문법 사용 능력을 기를 수 있도록 각 목표 문법을 활용한 문장 만들기, 대화 만들기, 고쳐 쓰기 등의 연습 문제로 구성하였다. 문법과 더불어 '더 알아보기'의 연습 문제도 같이 제공하였다.

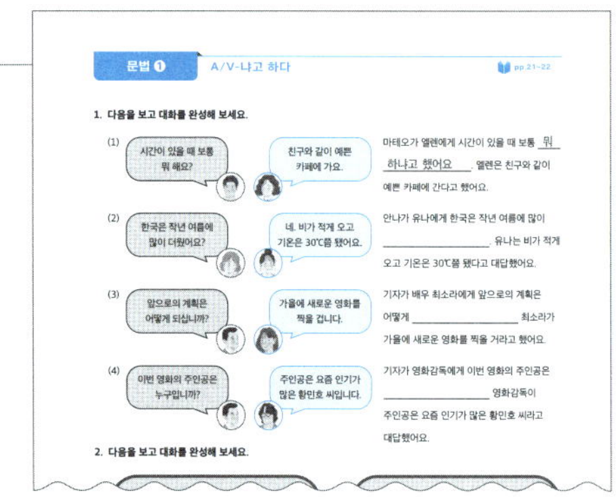
문법 ❶ A/V-냐고 하다

듣고 쓰기

교재의 소단원 1, 2에서 다룬 '듣기'의 연습 부분이다. 교재에서 제시한 주요 표현이 사용된 대화를 듣고 내용을 확인하는 문제와 교재와 비슷한 주제의 대화문을 듣고 주요 문법 및 표현을 빈칸에 요약해 쓰는 연습 문제로 구성하였다.

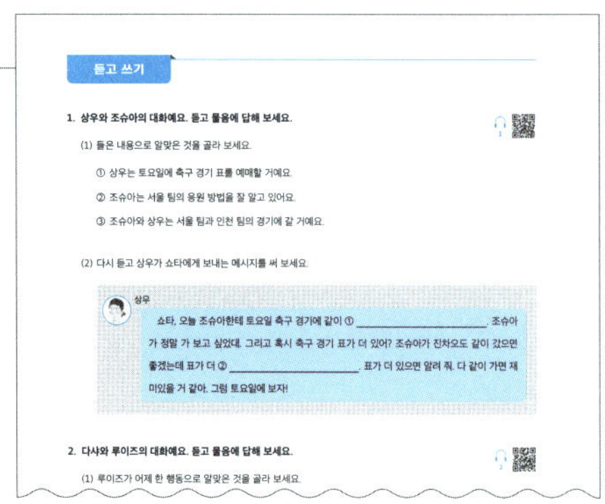
듣고 쓰기

말하기

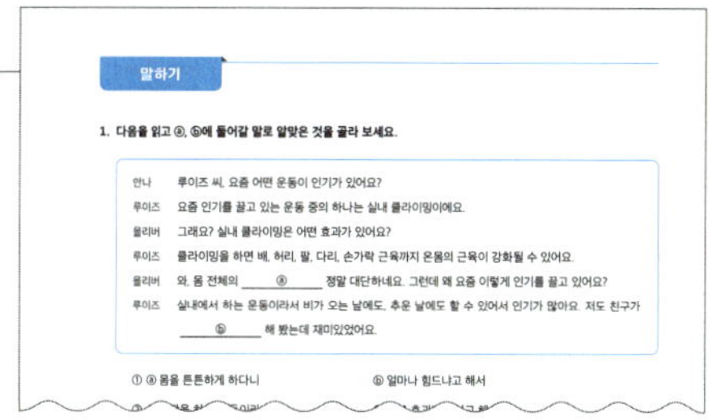

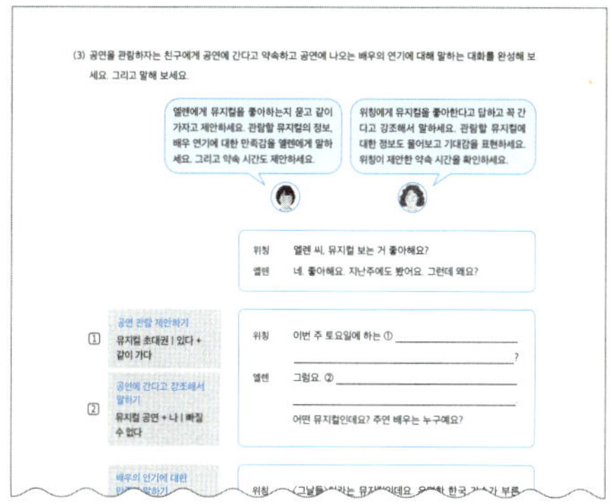

교재의 소단원 2, 3에서 다룬 '말하기'의 연습 부분이다. 소단원 2 말하기 연습 문제는 교재에서 제시한 주요 표현을 담화 맥락을 통해 연습할 수 있도록 구성하였다.

소단원 3 말하기 연습은 교재에 제시된 기능 표현을 연습하는 문제와 핵심어를 활용해 대화문을 만드는 문제로 구성하였다. 이를 통해 기능 표현의 의미를 대화문 속에서 파악하고 핵심어를 보면서 대화를 완성하는 연습을 할 수 있게 설계하였다. 대화문을 만드는 연습의 모범 대화문을 부록에 제시하여 스스로 확인할 수 있게 하였다.

핵심어 기호

○ : 긍정 × : 부정 | : 조사, 표현 + : 연결 어미

읽고 쓰기

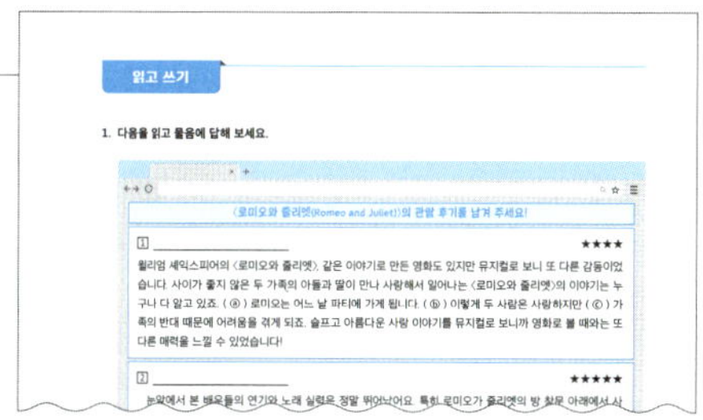

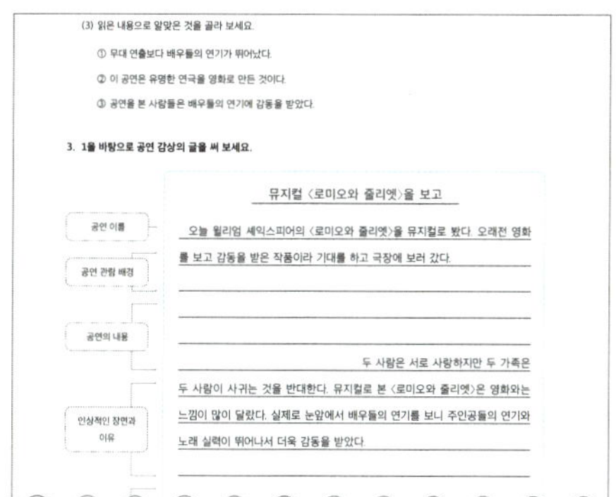

교재의 소단원 3에서 다룬 '읽고 쓰기'의 연습 부분이다. 읽기는 교재 읽기에서 제시한 주제와 관련된 내용의 글을 다양한 텍스트 유형으로 구현하여 제공하였다. 연습 문제는 교재의 읽기 전략을 연습할 수 있는 문제와 내용 이해 문제를 제공하여 이해 능력을 향상시킬 수 있도록 구성하였다.

쓰기는 교재 읽기 텍스트 유형과 동일한 글을 쓰게 하기 위해서 워크북 읽기 내용을 활용해 글을 쓰는 활동으로 구성하였다. 학습자들의 쓰기 활동을 돕고자 교재에서 제시한 도움 질문을 활용해 글을 완성할 수 있게 하였다. 부록에 모범 글을 제시하여 스스로 확인이 가능하게 하였다.

문법 설명

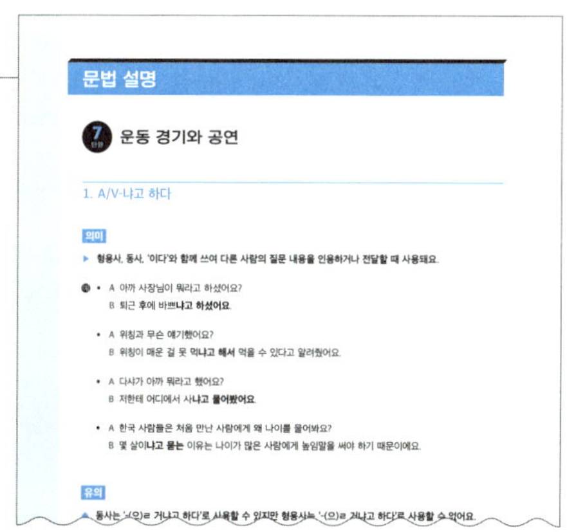

교재 소단원 1, 2, 3에서 다룬 '문법' 및 '더 알아보기'에 대한 설명 부분이다. 각 문법의 의미를 자세한 설명과 함께 부록으로 제시하였다. 문법의 의미와 함께 다양한 예를 대화문으로 제시함으로써 문법에 대한 이해를 돕고자 하였다. 문법 활용 시 유의할 점도 예와 같이 제공하여 오류를 줄이고자 하였다.

7 단원 운동 경기와 공연

어휘와 표현 ❶ 기대와 결과

p.20

1. 밑줄 친 부분은 주요 어휘와 표현이에요. 관계있는 것을 연결해 보세요.

(1) 박수를 보냈어요. • ----- • ① "공연 후에 관객들이 배우들에게 박수를 쳤어요."

(2) 대회에서 우승했어요. • • ② "대학교에 합격한 학생이 너무 기뻐서 울었어요."

(3) 기쁨의 눈물을 흘렸어요. • • ③ "어제 경기에서 제가 응원하는 팀이 1등을 했어요."

2. 1의 밑줄 친 표현을 사용해 글을 완성해 보세요.

이화 댄스 동아리, 케이팝 댄스 대회에서 1등을 하다!

지난 주말에 신촌에서 케이팝 댄스 대회가 열렸다. 이번 대회에는 총 10개 팀이 참가했는데 이화 댄스 동아리가 1등을 해서 (1) 대회에서 우승했다. 관객들은 각 팀의 공연 후 다양한 댄스 실력을 보여 준 학생들에게 (2) __________. 대회가 끝난 후 인터뷰에서 동아리 회장 루이즈(프랑스, 여)는 1등을 하게 돼서 너무 기쁘다고 말하면서 (3) __________. 이번 대회를 보면서 케이팝의 인기를 다시 한번 느낄 수 있었다.

박현민 기자(huanmin@ewha.edu)

3. 알맞은 것을 골라 대화를 완성해 보세요.

기대를 걸다	마음이 설레다	경기 결과를 예측하다

기자　감독님, 오늘 저녁에 경기가 있는데요. 경기 결과는 어떻게 될 거 같습니까?

감독　현재 선수들의 실력으로 (1) 경기 결과를 예측해 봤을 때 우리 팀이 2 대 1로 이길 것 같습니다.

기자　그렇게 예측하시는 이유는 무엇입니까?

감독　이번 대회에는 세계적인 선수인 이강은 선수가 나오기 때문입니다. 그래서 이강은 선수가 골을 넣어 줄 거라고 (2) __________ 있습니다.

기자　그렇군요. 대표팀 감독이 되신 후에 첫 번째 경기인데 소감이 어떠십니까?

감독　첫 경기라 (3) __________ 반면에 긴장도 많이 됩니다. 지금까지 열심히 노력한 결과를 보여 드리려고 하니 많이 기대해 주시기 바랍니다.

어휘와 표현 ❷ 공연 관련

p.32

1. 알맞은 것을 골라 대화를 완성해 보세요.

감동을 받다	장면이 인상적이다	소극장에서 공연하다	공연 정보를 검색하다

(1) A 요즘에 뭐 재미있는 공연을 하는지 알아요?

B 제가 인터넷에서 공연 정보를 검색해 볼게요. 같이 가요.

(2) A 어제 영화를 본다고 했죠? 어땠어요?

B 너무 슬펐어요. 영화를 보면서 관객들이 ______________ 울었어요.

(3) A 영화의 어떤 장면이 가장 기억에 남아요?

B 저는 남녀 주인공이 10년 만에 만나는 ______________. 자꾸 생각이 나요.

(4) A 이 연극은 어디에서 한대요?

B 대학로에 있는 작은 ______________. 그래서 배우들을 가까이에서 볼 수 있대요.

2. 밑줄 친 부분은 주요 어휘와 표현이에요. 관계있는 것을 골라 문장을 완성해 보세요.

(1) 주인공 배우의 노래 실력이 ② ① 맡았어요.

(2) 베스트셀러 소설이 뮤지컬로 ____ ② 뛰어났어요.

(3) 유명한 가수가 뮤지컬 주인공을 ____ ③ 제작됐대요.

(4) 다양한 색의 조화로 무대 연출이 ____ ④ 화려하다고 해요.

3. 2의 밑줄 친 표현을 사용해 글을 완성해 보세요.

〈로미오와 줄리엣(Romeo and Juliet)〉 공연의 기대평을 남겨 주세요!

조승진 파이팅! Gunn**

조승진 배우님! 어떤 배우보다 (1) 노래 실력이 뛰어난 조승진 님의 노래하는 모습, 기대가 돼요!

멋진 무대가 기대됩니다. yonn**

맡은 작품마다 (2) ______________ 것으로 유명한 감독님의 특별한 뮤지컬 무대를 기대해 봅니다.

조승진 님의 첫 뮤지컬 도전, 응원합니다. Jhy**

조승진 님이 연기하는 로미오라니! 배우 조승진이 처음으로 (3) ______________ 뮤지컬이라 더 기대가 됩니다!

영화에 이어 뮤지컬까지! Hsed***

영국 작가 윌리엄 셰익스피어(William Shakespeare)의 작품이 영화에 이어 (4) ______________ 영화와는 다른 감동을 줄 것 같아요!

문법 ❶ A/V-냐고 하다

1. 다음을 보고 대화를 완성해 보세요.

(1)
시간이 있을 때 보통 뭐 해요?
친구와 같이 예쁜 카페에 가요.

마테오가 엘렌에게 시간이 있을 때 보통 뭐 하냐고 했어요. 엘렌은 친구와 같이 예쁜 카페에 간다고 했어요.

(2)
한국은 작년 여름에 많이 더웠어요?
네. 비가 적게 오고 기온은 30℃쯤 됐어요.

안나가 유나에게 한국은 작년 여름에 많이 ______________. 유나는 비가 적게 오고 기온은 30℃쯤 됐다고 대답했어요.

(3)
앞으로의 계획은 어떻게 되십니까?
가을에 새로운 영화를 찍을 겁니다.

기자가 배우 최소라에게 앞으로의 계획은 어떻게 ______________ 최소라가 가을에 새로운 영화를 찍을 거라고 했어요.

(4)
이번 영화의 주인공은 누구입니까?
주인공은 요즘 인기가 많은 황민호 씨입니다.

기자가 영화감독에게 이번 영화의 주인공은 ______________ 영화감독이 주인공은 요즘 인기가 많은 황민호 씨라고 대답했어요.

2. 다음을 보고 대화를 완성해 보세요.

올리버
위칭 씨, 잘 지내고 있죠? 요즘 어떻게 (1) <u>지내요</u>? 혹시 이번 주말에 시간이 (2) <u>있어요</u>? 주말에 뭐 (3) <u>할 거예요</u>? 저는 이번 주말에 한강 공원에서 캠핑하려고 하는데 위칭 씨도 같이 가는 게 (4) <u>어때요</u>? 그리고 진차오도 같이 가면 좋겠어요. 진차오에게도 물어봐 주세요. 그럼 연락 주세요! 연락 기다릴게요!

⇨

아까 올리버한테 메시지가 왔는데 올리버가 요즘 어떻게 (1) 지내냐고 했어요. 그리고 이번 주말에 시간이 (2) ______________. 또 주말에 뭐 (3) ______________.

진차오
왜요? 올리버가 무슨 계획이 있대요?

네. 올리버가 한강 공원에서 캠핑하려고 하는데 저도 같이 가는 게 (4) ______________. 진차오도 같이 가면 좋겠대요. 같이 갈래요?

진차오
와, 좋아요.

문법 ❷ V-자고 하다

1. 다음을 보고 대화를 완성해 보세요.

(1)
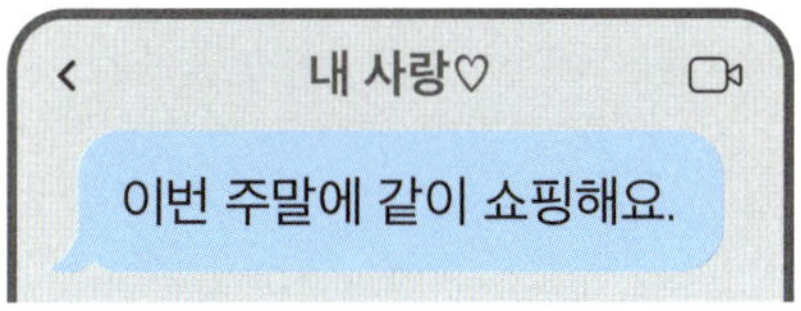

A 주말에 뭐 할 거예요?

B 여자 친구가 같이 <u>쇼핑하자고 해서</u> 같이 가려고 해요.

(2)
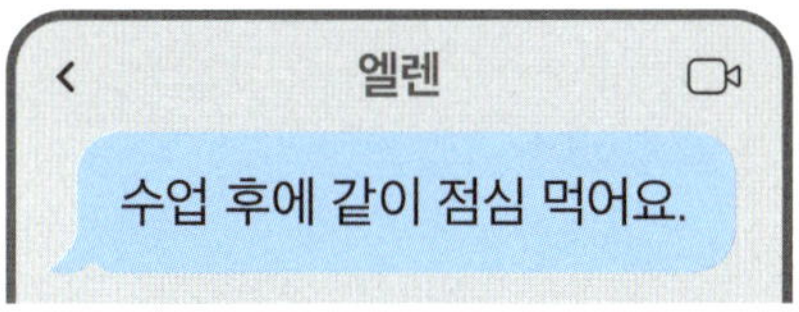

A 수업 끝났는데 집에 안 가요?

B 엘렌이 수업 후에 같이 점심을 ____________ 기다리고 있어요.

(3)
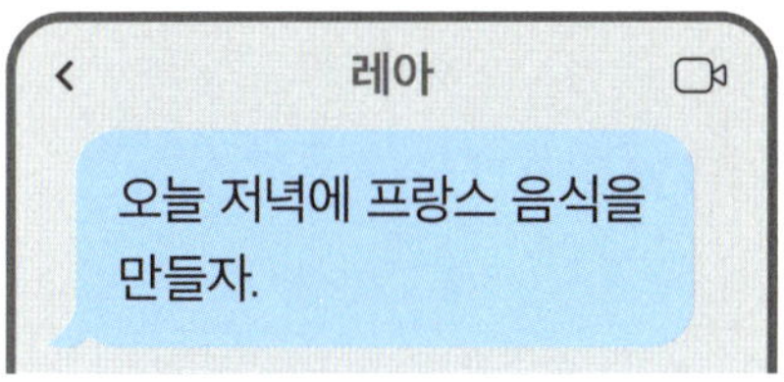

A 저녁에 같이 영화 보러 갈래요?

B 미안해요. 친구가 프랑스 요리를 같이 ____________. 그래서 저녁에 우리 집에서 요리하려고 해요. 다음에 같이 가요.

(4)
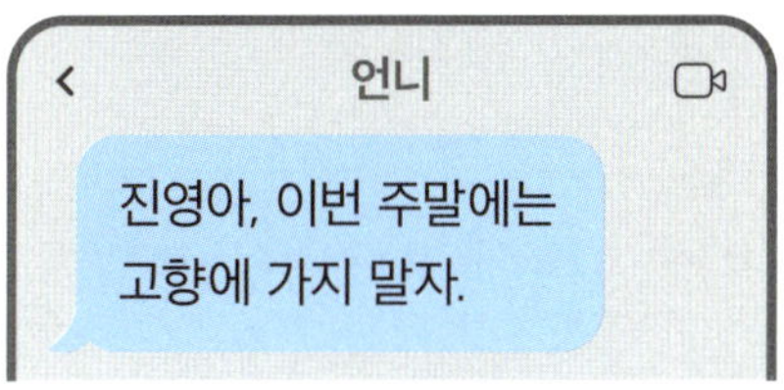

A 이번 주말에도 고향에 가?

B 아니. 언니가 이번 주말에는 고향에 ____________. 그래서 서울에 있을 거야.

2. 다음을 보고 대화를 완성해 보세요.

보내는 사람: 상우 <sangwoo@ewha.edu.com>
받는 사람: 쇼타 <shota@ewha.edu.com>

쇼타에게

쇼타, 조슈아랑 우리 이번 주 토요일에 한강 공원에서 자전거 타기로 했지? 그런데 눈이 온다고 하니까 자전거는 (1) <u>타지 말자</u>. 대신에 음악 동아리 모임이 토요일에 있다고 하니까 같이 (2) <u>가자</u>. 10시에 학교 동아리방에서 모인다고 하니까 9시 반에 학교 정문에서 (3) <u>만나</u>. 그럼 토요일에 학교에서 (4) <u>봐</u>!

상우가

⇨

조슈아 우리 이번 주에 상우랑 같이 한강 공원에 자전거 타러 가는 거 맞지?

쇼타 아, 아까 상우한테 메시지가 왔는데 이번 주에 눈이 온다고 하니까 자전거는 (1) <u>타지 말자고 했어</u>. 자전거 타는 대신에 음악 동아리 모임이 토요일에 있다고 하니까 같이 (2) ____________.

조슈아 그래? 너는 갈 거야?

쇼타 응. 지난주에 못 가서 이번 주에는 가려고. 상우가 9시 반에 학교 정문에서 (3) ____________. 토요일에 학교에서 (4) ____________. 너도 같이 갈래?

조슈아 그래. 좋아!

문법 ③ A/V-다니

pp.26~27

1. 알맞은 것을 골라 대화를 완성해 보세요.

고프다	힘들다	일어나다	10년이다

(1) A 아이 키우는 게 쉽지 않죠?

B 네. 아이를 키우는 일이 이렇게 힘들다니________ 상상도 못 했어요.

(2) A 어머, 잠이 많은 네가 벌써 ________________ ……. 무슨 일이 있어?

B 오전 9시부터 콘서트 표 예매가 시작되거든. 그래서 일찍 일어났어.

(3) A 올해로 한국에 산 지 10년 됐어요.

B 정말요? 한국에 온 지 벌써 ________________ 시간이 정말 빠르네요.

(4) A 뭐 먹을 거 없어? 배가 너무 고파.

B 진짜? 점심을 30분 전에 먹었는데 벌써 배가 ________________ …….

2. 다음을 보고 대화를 완성해 보세요.

(1)

내일 낮 최고 기온은 38℃로 오늘보다 덥겠습니다.

A 내일 낮에 38℃까지 올라간대요.

B 아직 5월인데 벌써 이렇게 덥다니________ 믿을 수가 없네요.

(2)

어제 축구 대표팀이 올림픽에서 금메달을 땄습니다.

A 어제 올림픽 축구 결승 경기에서 한국이 이겼대요.

B 한국이 올림픽에서 금메달을 ________________ 꿈만 같아요.

(3)

오늘 아침 신촌에서 난 교통사고로 열 명이 다쳤습니다.

A 오늘 아침에 신촌에서 교통사고가 나서 열 명이 다쳤대요.

B 교통사고로 그렇게 많은 사람들이 ________________ 정말 큰 사고였네요.

(4)

프랑스를 방문한 한국 배우를 보러 공항에 1,000명이 넘는 팬들이 왔다고 합니다.

A 어제 한국 배우가 프랑스를 방문했는데 공항에 1,000명이 넘는 팬들이 왔대요.

B 정말요? 그렇게 팬들이 많이 ________________ 정말 놀랍네요.

문법 ❹ A/V-던데요

pp.33~34

1. 알맞은 것을 골라 대화를 완성해 보세요.

많다	팔다	친절하다	어렵지 않다

A 인천국제공항을 이용해 봤죠? 이용해 보니까 어땠어요?

(1) B 공항에 있는 직원들이 매우 친절하던데요.

(2) B 외국인들을 위한 문화 체험이 ____________.

(3) B 식당에서 한국 음식뿐만 아니라 여러 나라 음식을 ____________.

(4) B 시내로 가는 버스와 지하철 노선이 많이 있어서 이동하는 게 ____________.

2. 알맞은 것을 골라 ◯표 해 보세요.

(1) A 조슈아, 아까 루이즈가 너를 (찾는데, 찾던데) 만났어?

B 아니. 못 만났는데. 내가 루이즈한테 연락해 볼게. 고마워.

(2) A 부산 여행 잘 다녀왔어요? 여행이 어땠어요?

B 아주 재미있었어요. 그런데 서울에서 생각보다 너무 (먼데요, 멀던데요).

(3) A 어서 오세요. 여기 앉으세요. 어떻게 오셨습니까?

B 저는 외국인 (유학생인데요, 유학생이던데요). 통장을 만들고 싶어서요.

(4) A 어제 새로 생긴 식당에 간다고 했지? 맛이 어땠어?

B 맛있었어. 별로 기대 안 했는데 생각보다 음식을 (잘하는데, 잘하던데).

(5) A 영수증을 안 가지고 (왔는데요, 왔던데요). 어제 산 옷을 교환할 수 있나요?

B 손님, 죄송합니다. 영수증이 있어야 교환할 수 있습니다.

(6) A 죄송한데 제가 외국인이라 잘 몰라서요. 이 신청서를 어떻게 쓰는지 좀 알려 주시겠어요?

B 미안합니다. 저도 한국 사람이 (아닌데요, 아니던데요). 저분에게 물어보세요.

더 알아보기 ① A/V-냐요

p.22

1. 다음을 보고 문장을 완성해 보세요.

(1) 엘렌, 취미가 뭐야?

상우가 엘렌에게 취미가 뭐냐요.

(2) 루이즈, 집이 학교에서 가까워?

진차오가 루이즈에게 집이 학교에서 ____________.

(3) 다샤 씨, 언제 한국어를 처음 배웠어요?

유나가 다샤에게 언제 한국어를 처음 ____________.

(4) 마테오 씨, 생일 선물로 뭘 받고 싶어요?

올리버가 마테오에게 생일 선물로 뭘 받고 ____________.

더 알아보기 ② V-재요

p.24

1. 다음을 보고 대화를 완성해 보세요.

안나

엘렌, 이번 주에 우리 반 친구들과 같이 식사하기로 했지? 이번에는 신촌에서 (1) 하지 말자. 대신에 명동에 새로 문을 연 한식당에 (2) 가 보자. 가고 싶은 카페가 있는데 식사 후에 같이 케이크도 (3) 먹자. 그리고 소셜 미디어에 올릴 사진도 (4) 찍자. 어때? 답장 해 줘.

다샤　엘렌, 이번 주에 우리 반 모임이 있지? 이번에도 신촌에서 만날 거야?

엘렌　아니. 안나에게서 메시지가 왔는데 이번에는 신촌에서 (1) 하지 말재. 대신 명동에 새로 연 한식당에 (2) ____________.

다샤　그래? 식사 후에는 뭐 할까?

엘렌　안나가 식사 후에 카페에 가서 케이크를 (3) ____________. 그리고 명동에서 소셜 미디어 올릴 사진도 (4) ____________.

다샤　재미있겠네. 그럼 그날 봐.

엘렌　응. 그래.

듣고 쓰기

1. 상우와 조슈아의 대화예요. 듣고 물음에 답해 보세요.

1

(1) 들은 내용으로 알맞은 것을 골라 보세요.

① 상우는 토요일에 축구 경기 표를 예매할 거예요.

② 조슈아는 서울 팀의 응원 방법을 잘 알고 있어요.

③ 조슈아와 상우는 서울 팀과 인천 팀의 경기에 갈 거예요.

(2) 다시 듣고 상우가 쇼타에게 보내는 메시지를 써 보세요.

상우

쇼타, 오늘 조슈아한테 토요일 축구 경기에 같이 ① ____________________. 조슈아가 정말 가 보고 싶었대. 그리고 혹시 축구 경기 표가 더 있어? 조슈아가 진차오도 같이 갔으면 좋겠는데 표가 더 ② ____________________. 표가 더 있으면 알려 줘. 다 같이 가면 재미있을 거 같아. 그럼 토요일에 보자!

2. 다샤와 루이즈의 대화예요. 듣고 물음에 답해 보세요.

2

(1) 루이즈가 어제 한 행동으로 알맞은 것을 골라 보세요.

①

②

③

(2) 다시 듣고 들은 내용을 써 보세요.

어제 미국과 프랑스의 올림픽 농구 결승 경기가 있었다. 경기 마지막에 프랑스가 골을 넣어서 1점 차이로 우승을 했다. 루이즈는 프랑스가 ① ____________________ 정말 꿈만 같다고 했다. 경기 후에 프랑스 감독도 선수들도 기쁨의 눈물을 흘렸다. 미국 선수들도 열심히 했는데 1점 차이로 ② ____________________ 너무 속상할 것 같았다. 경기 후에 진행된 인터뷰에서 기자가 미국 감독에게 ③ ____________________. 감독은 기자에게 최선을 다했으니까 결과에 만족한다고 말했다.

말하기

1. 다음을 읽고 ⓐ, ⓑ에 들어갈 말로 알맞은 것을 골라 보세요.

안나 루이즈 씨, 요즘 어떤 운동이 인기가 있어요?
루이즈 요즘 인기를 끌고 있는 운동 중의 하나는 실내 클라이밍이에요.
올리버 그래요? 실내 클라이밍은 어떤 효과가 있어요?
루이즈 클라이밍을 하면 배, 허리, 팔, 다리, 손가락 근육까지 온몸의 근육이 강화될 수 있어요.
올리버 와, 몸 전체의 ____ⓐ____ 정말 대단하네요. 그런데 왜 요즘 이렇게 인기를 끌고 있어요?
루이즈 실내에서 하는 운동이라서 비가 오는 날에도, 추운 날에도 할 수 있어서 인기가 많아요. 저도 친구가 ____ⓑ____ 해 봤는데 재미있었어요.

① ⓐ 몸을 튼튼하게 하다니 ⓑ 얼마나 힘드냐고 해서
② ⓐ 동작을 하는 운동이라니 ⓑ 별로 효과가 없다고 해서
③ ⓐ 근육도 키울 수 있는 운동이라니 ⓑ 한번 같이 해 보자고 해서

2. 다음 물음에 답해 보세요.

(1) 공연에 간다고 강조하는 말로 알맞은 것을 골라 보세요. 말하기 기능

A 뮤지컬 표가 있는데 같이 갈래요?
B 정말요? ________________.

① 뮤지컬인데 제가 빠져야죠 ② 뮤지컬인데 제가 안 갈 수 없죠 ③ 뮤지컬인데 당연히 안 갈 수밖에요

(2) 배우의 연기에 대한 만족감을 표현하는 말로 알맞은 것을 골라 보세요. 말하기 기능

A 어제 뮤지컬을 봤는데 배우의 연기가 ________________.
B 그래요? 저도 이번 주에 보려고 하는데 정말 기대가 되네요.

① 기대가 되던데요 ② 아직 부족하던데요 ③ 정말 뛰어나던데요

(3) 공연을 관람하자는 친구에게 공연에 간다고 약속하고 공연에 나오는 배우의 연기에 대해 말하는 대화를 완성해 보세요. 그리고 말해 보세요.

엘렌에게 뮤지컬을 좋아하는지 묻고 같이 가자고 제안하세요. 관람할 뮤지컬의 정보, 배우 연기에 대한 만족감을 엘렌에게 말하세요. 그리고 약속 시간도 제안하세요.

위칭에게 뮤지컬을 좋아한다고 답하고 꼭 간다고 강조해서 말하세요. 관람할 뮤지컬에 대한 정보도 물어보고 기대감을 표현하세요. 위칭이 제안한 약속 시간을 확인하세요.

위칭 엘렌 씨, 뮤지컬 보는 거 좋아해요?

엘렌 네. 좋아해요. 지난주에도 봤어요. 그런데 왜요?

1 **공연 관람 제안하기**
뮤지컬 초대권 | 있다 + 같이 가다

2 **공연에 간다고 강조해서 말하기**
뮤지컬 공연 + 나 | 빠질 수 없다

위칭 이번 주 토요일에 하는 ① ______________________________ ?

엘렌 그럼요. ② ______________________________ .

어떤 뮤지컬인데요? 주연 배우는 누구예요?

3 **배우의 연기에 대한 만족감 말하기**
다른 뮤지컬 | 본 적 | 있다 + 연기 | 최고다

4 **기대감 표현하기**
엘렌 씨 이야기 | 듣다 + 더욱 기대 | 되다

위칭 〈그날들〉이라는 뮤지컬인데요. 유명한 한국 가수가 부른 노래들로 만든 뮤지컬이래요. 전에 주연 배우의 ③ ______________________________ .

엘렌 그래요? ④ ______________________________ .

ㅇ : 긍정 × : 부정
| : 조사, 표현 + : 연결 어미

위칭 그럼 우리 토요일 4시에 공연장 앞에서 만나서 근처에서 저녁 먹는 게 어때요? 공연은 6시에 시작해요..

엘렌 좋아요. 그럼 그때 봐요.

읽고 쓰기

1. 다음을 읽고 물음에 답해 보세요.

〈로미오와 줄리엣(Romeo and Juliet)〉의 관람 후기를 남겨 주세요!

[1] ______________ ★★★★

윌리엄 셰익스피어의 〈로미오와 줄리엣〉, 같은 이야기로 만든 영화도 있지만 뮤지컬로 보니 또 다른 감동이었습니다. 사이가 좋지 않은 두 가족의 아들과 딸이 만나 사랑해서 일어나는 〈로미오와 줄리엣〉의 이야기는 누구나 다 알고 있죠. (ⓐ) 로미오는 어느 날 파티에 가게 됩니다. (ⓑ) 이렇게 두 사람은 사랑하지만 (ⓒ) 가족의 반대 때문에 어려움을 겪게 되죠. 슬프고 아름다운 사랑 이야기를 뮤지컬로 보니까 영화로 볼 때와는 또 다른 매력을 느낄 수 있었습니다!

[2] ______________ ★★★★★

눈앞에서 본 배우들의 연기와 노래 실력은 정말 뛰어났어요. 특히 로미오가 줄리엣의 방 창문 아래에서 사랑의 노래를 부르는 장면이 너무 인상적이었어요. 줄리엣에 대한 로미오의 마음이 느껴져 저도 모르게 눈물이 났어요. 배우들이 노래하면서 연기하는 게 쉽지 않다고 하던데. 노래와 연기 둘 다 완벽하게 하는 배우들이 정말 대단한 거 같아요! 좋은 연기를 보여 준 배우들에게 박수를 보냅니다.

[3] ______________ ★★★★

뮤지컬 〈로미오와 줄리엣〉을 보고 나서 첫사랑이 기억났어요. 기대한 것보다 더 좋은 공연이었습니다. 뮤지컬 〈로미오와 줄리엣〉은 이제 제 '인생 뮤지컬'이 됐어요. 뮤지컬을 보고 나오는 관객들도 모두 저처럼 감동을 받은 모습이었어요. 아마도 로미오와 줄리엣의 사랑이 사랑에 대해 다시 한번 생각해 보게 하고 우리의 마음을 따뜻하게 해 주었기 때문일 것 같아요. 좋은 공연 감사합니다!

(1) 각 관람 후기의 소제목으로 알맞은 것을 연결해 보세요. 읽기 전략

① [1] •   • 공연의 내용

② [2] •   • 관람 후 소감

③ [3] •   • 인상적인 장면

2. 다시 읽고 물음에 답해 보세요.

(1) 이 글을 쓴 목적으로 알맞은 것을 골라 보세요.

① 관심이 있는 공연에 대한 문제점을 알리려고

② 공연 보기 전 공연에 대한 기대감을 나타내려고

③ 공연을 본 후에 공연을 보면서 느낀 점을 말하려고

(2) 다음 문장이 들어갈 곳으로 알맞은 것을 골라 보세요.

그리고 줄리엣을 보자마자 사랑하게 됩니다.

① ⓐ ② ⓑ ③ ⓒ

(3) 읽은 내용으로 알맞은 것을 골라 보세요.

① 무대 연출보다 배우들의 연기가 뛰어났다.

② 이 공연은 유명한 연극을 영화로 만든 것이다.

③ 공연을 본 사람들은 배우들의 연기에 감동을 받았다.

3. 1을 바탕으로 공연 감상의 글을 써 보세요.

	뮤지컬 〈로미오와 줄리엣〉을 보고
공연 이름	오늘 윌리엄 셰익스피어의 〈로미오와 줄리엣〉을 뮤지컬로 봤다. 오래전 영화
공연 관람 배경	를 보고 감동을 받은 작품이라 기대를 하고 극장에 보러 갔다.
공연의 내용	
	두 사람은 서로 사랑하지만 두 가족은
인상적인 장면과 이유	두 사람이 사귀는 것을 반대한다. 뮤지컬로 본 〈로미오와 줄리엣〉은 영화와는
	느낌이 많이 달랐다. 실제로 눈앞에서 배우들의 연기를 보니 주인공들의 연기와
	노래 실력이 뛰어나서 더욱 감동을 받았다.
관람 후 소감	배우들이 정말 대단한 것 같다.
	공연을 보고 나오는 사람들은 감동을 받은 얼굴을 하고 있었다.

8 단원 실수와 사과

어휘와 표현 ❶ 실수

p.42

1. 밑줄 친 부분은 주요 어휘와 표현이에요. 관계있는 것을 연결해 대화를 완성해 보세요.

(1) "식당 예약 시간을 잘못 알고 한 시간이나 일찍 갔어요."

(2) "늦게 일어나서 회사 면접시험에 못 갔어요. 너무 속상해요."

(3) "상을 받아서 기쁘지만 앞으로 사람들이 기대를 더 많이 할 것 같아서 걱정돼요."

① "큰 상을 받아서 기쁜 반면에 마음이 무겁겠네요."

② "후회되겠지만 어쩔 수 없죠. 이미 지난 일이니 잊으세요."

③ "시간을 착각했군요. 다음부터는 휴대 전화에 메모해 보세요."

2. 1의 밑줄 친 표현을 사용해 글을 완성해 보세요.

안나, 아까 내가 화를 내서 당황했지? 나는 너한테 힘든 일이 있는 걸 모르고 요즘 네가 나를 피한다고 (1) 착각했어. 그래서 나한테 기분 나쁜 게 있으면 말을 하라고 화를 낸 거야. 오늘 내가 한 말과 행동이 너무 (2) ________. 나 때문에 섭섭했을 너를 생각하면 내 (3) ________. 정말 미안해.

3. 알맞은 것을 골라 대화를 완성해 보세요.

쏟다	괴롭다	발을 밟다

(1) A 운동화가 왜 이렇게 더러워졌어요?

B 어떤 사람이 제 발을 밟아서 운동화가 이렇게 됐어요.

(2) A 옷에 콜라를 ________ 때는 어떻게 해야 돼요?

B 옷에 콜라를 흘렸을 때는 주방 세제를 사용해 보세요. 깨끗하게 세탁될 거예요.

(3) A 위칭 씨, 감기가 빨리 안 낫네요. 힘들겠어요.

B 네. 기침이 너무 심해서 며칠 동안 잠을 잘 못 잤어요. 그래서 너무 ________.

어휘와 표현 ❷ 사과와 오해

p.54

1. 알맞은 것을 골라 글을 완성해 보세요.

오해를 받다	오해를 풀다	오해가 쌓이다	잘못을 인정하다

고민 상담 게시판

Q. 얼마 전 저는 제가 잘못한 것도 아닌데 친구한테서 (1) 오해를 받았습니다. 저는 제 잘못이 아니기 때문에 별말을 하지 않았습니다. 그런데 친구는 제가 그 일에 대해 말하지 않으니까 제가 잘못한 게 맞아서 (2) ________________ 생각한 겁니다. 그래서 오해가 더 커지고 점점 (3) ________________ 우리는 결국 멀어지게 되었습니다. 너무 속상합니다.

A. 정말 속상하시겠어요. 그래서 이런 일이 있을 때는 오해가 더 깊어지기 전에 자신의 상황을 잘 설명해서 (4) ________________ 됩니다. 말을 안 하는 것보다 자신의 상황이나 생각을 제대로 표현하는 것이 좋습니다.

2. 밑줄 친 부분은 주요 어휘와 표현이에요. 관계있는 것을 연결해 보세요.

(1) 핑계를 댔어요. •　　• ① "언니한테 거짓말을 해서 미안하다고 말했어요."

(2) 잘못을 사과했어요. •　　• ② "모임에 갈 수 있었지만 가기 싫어서 바쁘다고 말했어요."

(3) 친구와 화해했어요. •　　• ③ "선배한테 죄송하다고 하니까 선배가 제 마음을 이해해 줬어요."

(4) 사과를 받아 줬어요. •　　• ④ "친구하고 말다툼을 했는데 서로 이야기하면서 안 좋은 감정을 풀었어요."

3. 2의 밑줄 친 표현을 사용해 대화를 완성해 보세요.

유나　엘렌 씨, 친구하고 싸웠다고 했죠? 싸웠을 땐 빨리 푸는 게 좋은데 (1) 친구와 화해했어요?

엘렌　잘못한 건 친구거든요. 친구가 (2) ________________ 전까지 연락 안 할 거예요.

유나　그러지 말고 이야기를 좀 해 보는 게 어때요?

엘렌　이야기를 해 봤는데 친구가 이런저런 이유를 말하면서 계속 (3) ________________. 그래서 더 말하고 싶지 않아요.

유나　친구도 미안한 마음에 그랬을 거예요. 그러니까 친구가 미안하다고 하면 친구의 (4) ________________.

문법 ❶ V-았/었다가

pp.43~44

1. 관계있는 것을 연결하고 문장을 만들어 보세요.

(1) 머리를 묶다 •　　• ① 더워서 벗었다

(2) 모자를 쓰다 •　　• ② 잘 안 팔려서 닫았다

(3) 엘리베이터를 타다 •　　• ③ '삐' 소리가 나서 내렸다

(4) 액세서리 가게를 열다 •　　• ④ 놓쳐서 모두 아쉬워했다

(5) 우리 팀 선수가 공을 잡다 •　　• ⑤ 마음에 안 들어서 풀었다

(1) 머리를 묶었다가 마음에 안 들어서 풀었다.

(2) 모자를 ______________________.

(3) 엘리베이터를 ______________________.

(4) 액세서리 가게를 ______________________.

(5) 우리 팀 선수가 공을 ______________________.

2. 알맞은 것을 골라 ◯표 해 보세요.

(1) A 휴대 전화가 갑자기 안 돼요.

B 한번 (껐다가, 끄다가) 켜 보세요. 그럼 될 때가 있어요.

(2) A 선배는 어렸을 때 축구 선수가 꿈이었어요?

B 응. 그런데 축구를 (배웠다가, 배우다가) 다리를 다쳐서 그만뒀어.

(3) A 부산에 간 거 아니었어요? 경주에도 갔어요?

B 네. 부산에 (갔다가, 가다가) 서울로 돌아올 때 경주에도 들렀어요.

(4) A 여보세요.

B 여보세요. 유나 씨 맞아요? 목소리가 이상한데 혹시 어디 아파요?

A 아니에요. (잤다가, 자다가) 일어나서 그런 거예요.

(5) A 친구가 인터넷에 올린 사진에 '좋아요'를 (눌렀다가, 누르다가) 취소했는데요. 그 친구에게 메시지가 갔을까요?

B 아마 갔을 거예요. 메시지는 '좋아요'를 누르자마자 바로 가거든요.

문법 ❷ V-느라(고)

pp.45~46

1. 그림을 보고 대화를 완성해 보세요.

(1)

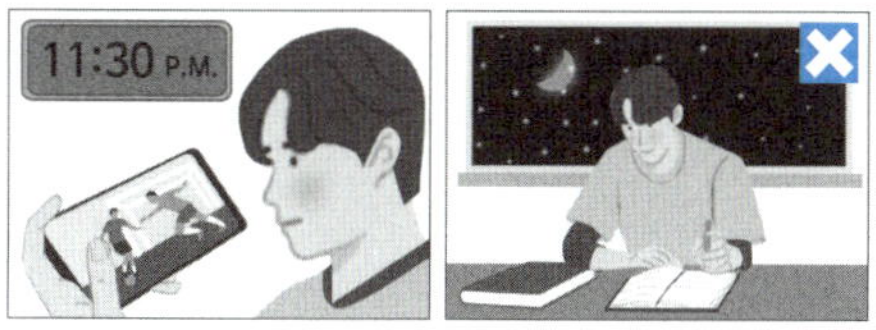

A 진차오, 왜 숙제를 안 했어?

B 어젯밤에 축구 경기를 보느라(고) 숙제를 못 했어.

(2)

A 여보세요. 다샤 씨, 왜 오늘 학교에 안 왔어요?

B 배가 너무 아파서 병원에 ________ 학교에 못 갔어요.

(3)

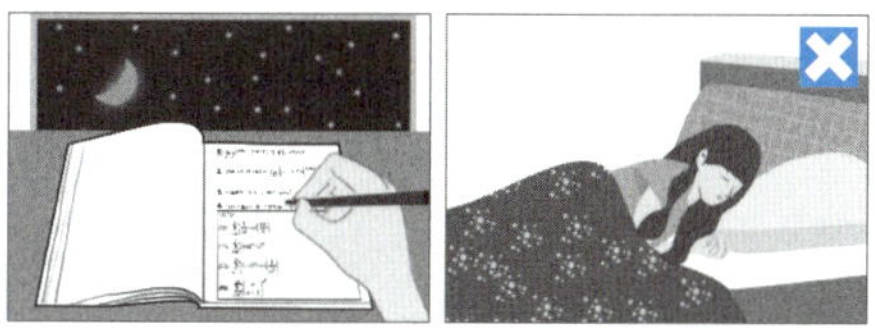

A 진영 씨, 피곤해 보여요.

B 어제 어려운 수학 문제를 ________ 잠을 못 자서 그래요.

(4)

A 루이즈, 미안해. 은행에 들러서 돈을 ________ 좀 늦었어.

B 그랬구나. 괜찮아. 밥이나 먹으러 가자.

2. 밑줄 친 부분을 맞게 고쳐 보세요.

(1) 공부하느라고 드라마를 보지 말자. → 못 봤어요

(2) 머리가 아프느라 오늘 늦게 일어났어요. → ________

(3) 감기에 걸리느라 모임에 갈 수가 없었어요. → ________

(4) 이 책은 내 룸메이트 책이느라고 빌려줄 수 없어. → ________

(5) 친구하고 전화 통화를 했느라고 중요한 약속을 잊어버렸어요. → ________

문법 ③ V-고 말다 pp.48~49

1. 알맞은 것을 골라 대화를 완성해 보세요.

울다	걸리다	놓치다	떨어지다

(1) A 오늘 시험 결과가 나왔죠? 어떻게 됐어요?

B 최선을 다했는데 시험에 떨어지고 말았어요.

(2) A 감기가 나은 지 얼마 안 됐는데 또 감기에 걸렸어요?

B 네. 어제 창문을 열고 자서 다시 감기에 ______________.

(3) A 어제 조카하고 축구 잘 했어요?

B 아니요. 제가 져 주려고 했는데 실수로 골을 넣어서 조카가 ______________.

(4) A 루이즈가 어제 고향에 못 갔대요.

B 네. 저도 들었어요. 공항으로 가는 길이 막혀서 결국 비행기를 ______________.

2. 그림을 보고 문장을 완성해 보세요.

(1) 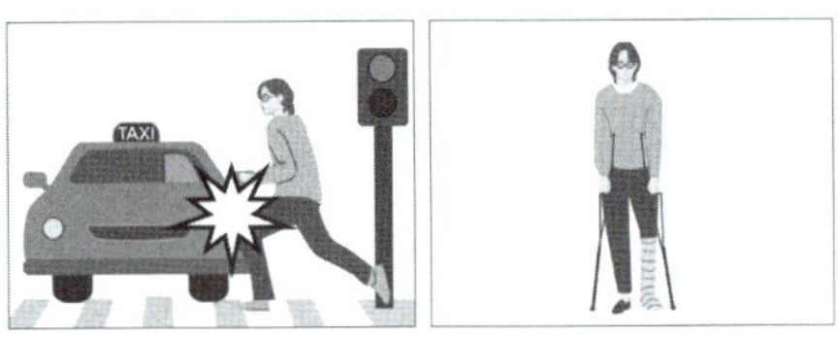

어제 교통사고가 나서 다리를 다치고 말았어요.

(2) 

너무 바빠서 친구하고 만나기로 한 약속을 ______________.

(3) 

책을 읽으면서 커피를 마시다가 바지에 커피를 ______________.

(4) 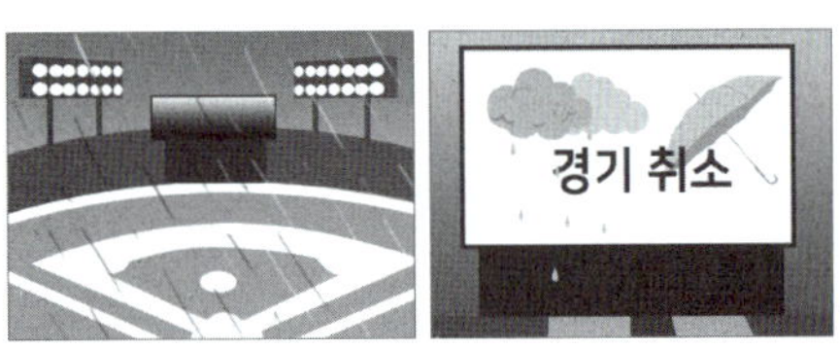

어제 갑자기 비가 너무 많이 와서 보고 싶던 야구 경기가 결국 ______________.

문법 ❹ A/V-(으)ㄹ 텐데

1. 알맞은 것을 골라 글을 완성해 보세요.

되다	많다	피다	걸리다

Q. 고향 친구가 다음 주말에 한국에 놀러 와요. 친구는 한국이 처음이라서 명동에 가서 쇼핑도 하고 강남역에 있는 카페에도 갈까 하는데요. 또 뭘 하면 재미있을까요?

ㄴ asdf** 고궁에서 다양한 문화 행사를 하고 있어요. 거기에 가면 구경할 게 (1) 많을 텐데 한번 가 보세요.

ㄴ good** 다음 주면 날씨가 따뜻해서 남산에 꽃이 많이 (2) ____________ 남산에도 가 보세요. 남산의 벚꽃이 아주 유명하거든요.

ㄴ 1004** 명동에서 강남까지 가려면 이동 시간이 좀 많이 (3) ____________ 그냥 홍대에 가는 게 어때요? 홍대에도 예쁜 가게랑 카페가 많아요.

ㄴ kims** 요즘 제 외국인 친구들은 한강에 많이 가는 것 같아요. 한강에 가서 치킨이랑 라면을 먹으면 특별한 경험이 (4) ____________ 거기에 가는 게 어때요?

2. 대화를 완성해 보세요.

A 이 구두 어때요? 오늘 신고 나가려고 하는데 잘 어울려요?

(1) B 문화 수업을 가면 많이 걸어서 힘들 텐데 운동화를 신는 게 좋겠어요. (힘들다)

(2) B 눈이 와서 길이 ____________ 구두를 신으려고? 그냥 부츠를 신고 나가. (미끄럽다)

A 벌써 12시네요. 점심으로 불고기 어때요?

(3) B 좋아요. 그런데 지금은 식당이 ____________ 조금 후에 가면 어때요? (붐비다)

(4) B 점심부터 불고기를 먹으면 배가 ____________ 그냥 간단하게 먹는 건 어떨까요? (부르다)

더 알아보기 ❶ V-지그래요

p.47

1. 알맞은 것을 골라 대화를 완성해 보세요.

복싱을 배워 보다	동아리에 가입하다	아르바이트를 하다	한국 역사 수업을 듣다

A 뭔가 새로운 일을 해 보고 싶은데 뭐 재미있는 게 없을까요?

(1) B 아르바이트를 하지그래요. 한국어 연습도 하고 돈도 벌 수 있어서 좋을 것 같은데요.

(2) B 평소에 역사에 관심이 많았잖아요. 온라인으로도 들을 수 있으니까 ________________.

(3) B 요즘 동아리에서 회원을 모집하던데 ________________. 재미있어 보이는 동아리가 많던데요.

(4) B ________________. 체력도 기르고 균형 감각도 키울 수 있어서 요즘 사람들이 많이 한대요.

더 알아보기 ❷ -되다

p.58

1. 알맞은 것을 골라 ○표 해 보세요.

(1) 요즘은 도시 곳곳에 그늘막이 (설치해서, 설치돼서) 여름에 더위를 피하기 좋아요.

(2) 청소를 하고 나니까 집도 깨끗해지고 복잡한 제 마음도 잘 (정리했어요, 정리됐어요).

(3) 학교 앞에 새로 생긴 카페에서는 학생증을 보여 주면 (할인해, 할인돼) 준다고 들었어요.

(4) 뉴스에서 그러는데 세계에서 가장 많은 사람들이 (사용하는, 사용되는) 언어는 중국어라고 해요.

(5) 영화관에서 앞 사람의 의자를 발로 차는 것은 다른 사람의 관람을 (방해하는, 방해되는) 행동이에요.

(6) 제가 이용하던 지하철 노선이 (연장해서, 연장돼서) 회사에 갈 때 갈아타지 않고 한 번에 갈 수 있게 됐어요.

듣고 쓰기

1. 위칭과 안나의 대화예요. 듣고 물음에 답해 보세요.

3

(1) 들은 내용으로 알맞은 것을 골라 보세요.

① 위칭은 쇼타에게 너무 늦게 사과했어요.

② 쇼타는 고민이 많아서 어젯밤에 잠을 못 잤어요.

③ 위칭은 오늘 한국어 책을 사러 서점에 갈 거예요.

(2) 다시 듣고 위칭이 쇼타에게 보내는 편지를 써 보세요.

쇼타에게

쇼타, 정말 미안해. 책이 더러워져서 많이 속상하지? 어제 네 책에 커피를 쏟아서 나도 너무 당황했었어. 어제 바로 서점에서 새 책을 사서 주려고 했는데 책이 없었어. 그래서 ① ______________ 못 사고 그냥 왔어. 선생님의 설명을 들으면서 ② ______________ 네가 고생했을 걸 생각하면 너무 미안해서 마음이 무거워. 다시 한번 정말 미안해.

위칭이

2. 마테오와 엘렌의 대화예요. 듣고 물음에 답해 보세요.

4

(1) 들은 내용으로 알맞은 것을 골라 보세요.

① 엘렌은 모르는 사람에게 반말을 했어요.

② 엘렌은 한국어를 천천히 말해서 창피했어요.

③ 엘렌은 높임말을 쓰면 안 되는 상황에서 잘못 썼어요.

(2) 다시 듣고 들은 내용을 써 보세요.

마테오는 오늘 학교에 오면서 카페에 ① ______________ 거기에서 실수를 했다. 뒤에 있는 사람에게 먼저 주문하라고 말하고 싶었는데 급한 마음에 “너 먼저 해.”라고 ② ______________. 엘렌도 실수한 경험에 대해 이야기했다. 그 이야기를 듣고 마테오는 ③ ______________ 힘들 때도 있지만 나중에 재미있는 일들로 기억될 거라고 했다.

말하기

1. 다음을 읽고 ⓐ, ⓑ에 들어갈 말로 알맞은 것을 골라 보세요.

유나　루이즈 씨, 프랑스와 한국의 문화가 달라서 실수한 적이 있어요?

루이즈　네. 식당에서 주문하는 방법이 달라서 실수한 적이 있어요.

유나　아, 그래요? 무슨 일이 있었는데요?

루이즈　한국 식당에서 점원을 부를 때 테이블 위에 있는 벨을 눌러야 하는 걸 몰랐어요. 프랑스에서는 점원이 주문을 받으러 올 때까지 기다려야 되거든요. 그래서 기다리고 있는데 점원이 저보다 늦게 들어온 손님한테 먼저 주문을 받아서 점원한테 ____ⓐ____.

유나　그랬군요. 그것 말고 한국하고 프랑스 식당의 다른 점이 또 있어요?

루이즈　한국에서는 물을 손님이 직접 가져와야 되는 식당이 많잖아요. 그걸 자꾸 잊어서 물을 달라고 하려고 ____ⓑ____ 깜짝 놀라서 내린 적이 한두 번이 아니에요.

① ⓐ 화를 내고 말았어요　　ⓑ 손을 들었다가

② ⓐ 짜증을 내고 말았어요　　ⓑ 벨을 눌렀다가

③ ⓐ 주문을 하고 말았어요　　ⓑ 점원을 불렀다가

2. 다음 물음에 답해 보세요.

(1) 실수한 일에 대해 후회하는 말로 알맞은 것을 골라 보세요. 말하기 기능

A　너 공부 많이 안 했어? 공부를 많이 했으면 성적이 이렇게 나쁘지는 않았을 것 같은데.

B　응. 많이 못 했어. 시험에 떨어지면 어떡하지? ________________.

① 공부를 많이 했으면 큰일 났겠어　② 공부를 많이 했어야 했는데 큰일 났네　③ 공부를 많이 했으니까 그런 일은 없을 거야

(2) 상대방에게 사과하고 사과를 받아 주는 말로 알맞은 것을 골라 보세요. 말하기 기능

A　괜히 너까지 신경 쓰게 해서 미안해.

B　괜찮아. ________________.

① 일부러 그런 거잖아　② 별일 아니니까 마음 쓰지 마　③ 중요한 일이니까 신경 쓰도록 해

(3) 실수한 일에 대해 후회를 표현하면서 사과하고 그 사과를 받는 대화를 완성해 보세요. 그리고 말해 보세요.

악기 동아리 공연을 준비하고 있어요. 위칭에게 공연 포스터 제작 상황을 물어보고 위칭의 실수를 확인하세요. 그리고 해결 방안을 제시한 후 사과를 받아 주세요.

공연 준비에서 공연 포스터 제작을 맡았어요. 그런데 포스터에 공연 날짜와 장소가 잘못 나왔어요. 자신이 실수한 사실을 말한 후 실수에 대해 후회를 표현하고 사과하세요.

1 **포스터 제작 상황 답하기**

지난주 | 디자인 회사 근처 | **가다** + 디자인 회사 | 들르다 + 포스터 제작 | 맡기다 + 오다

조슈아　위칭, 공연 포스터 제대로 맡긴 거 맞아? 방금 포스터를 받았는데 공연 날짜하고 장소가 잘못 나왔던데.

위칭　뭐? 잘못 나왔어? ① ______________________________ ______________________________. 그때 공연 날짜하고 장소도 담당자에게 직접 말했는데.

2 **실수한 일에 대해 후회하기**

포스터 내용 | 다시 한번 확인하다 + 이런 일 | **없다**

조슈아　포스터 디자인이 나왔을 때 날짜하고 장소를 확인하지 않았어? 확인했으면 이런 일이 없었잖아.

위칭　큰일 났네. 요즘 바빠서 확인하는 걸 잊어버리고 말았어. ② ______________________________ ______________________________.

3 **사과하기**

나 | 해야 할 일이다 + 너 | 번거롭게 하다 + 정말 미안하다

4 **사과 받기**

일부러 그런 것 | 아니다 괜찮다

조슈아　지금 빨리 그 디자인 회사에 전화해서 내일까지 포스터 제작이 가능한지 물어봐. 혹시 안 될 수도 있으니까 나는 다른 데를 알아볼게.

위칭　알았어. ③ ______________________________ ______________________________.

조슈아　아니야. ④ ______________________________ ______________________________. 같이 빨리 알아보자.

위칭　정말 미안해. 앞으로는 이런 일이 없도록 할게.

조슈아　응. 알겠어.

읽고 쓰기

1. 다음을 읽고 물음에 답해 보세요.

자유게시판 > 글쓰기

부장님이 왜 화가 나셨을까요?

작성자 iminseoul 조회 98

안녕하세요? 저는 한국에 온 지 얼마 안 되는 미국인입니다. 지금 한국 회사에서 일하고 있는데요. 이해가 안 되는 일이 있어 글을 남깁니다. 오늘 일하다가 보고서에 숫자를 잘못 쓰는 실수를 하고 말았어요. 그래서 부장님이 저를 불러서 잘못된 것을 말씀해 주셨는데요. 저는 부장님의 눈을 똑바로 쳐다보면서 아주 열심히 들었어요. 그런데 제가 죄송하다고 말씀드렸지만 부장님 표정이 점점 안 좋아지시는 거예요. 화가 나신 것 같았어요. ⓐ 그 실수가 그렇게 큰 잘못은 아닐 텐데 조금 심하다는 생각이 들었어요. 그렇지만 저는 말씀에 더 집중하기 위해서 부장님과 눈을 맞추면서 들었어요. 그때 부장님이 저를 이상하게 쳐다보시는 거예요. 부장님이 저를 왜 이상하게 쳐다보셨는지 정말 모르겠어요. 제가 뭘 잘못했을까요?

댓글 4개

대한한국인 한국에서는 윗사람에게 지적을 받을 때 눈을 똑바로 쳐다보지 않아요. 예절에 맞지 않는 행동이거든요. 그래서 부장님이 화가 나신 것 같아요.

└ iminseoul ⓑ 이런 상황에서 눈을 맞추는 게 예절에 맞지 않는다고요? 제가 부장님 눈을 똑바로 쳐다본 건 잘 듣고 있다는 것을 표현한 거였는데……. 미국에서는 ⓒ 그렇게 하는 것이 상대방에 대한 존경과 관심의 표현이거든요.

└ 대한한국인 다음에는 그럴 때 부장님의 얼굴을 똑바로 보지 말고 조금 아래를 보면 좋을 것 같아요.

└ iminseoul 알려 주셔서 감사해요.

(1) ⓐ, ⓑ, ⓒ와 그 의미로 알맞은 것을 연결해 보세요. 읽기 전략

① ⓐ 그 실수 •		• 상대방과 눈을 맞추는 행동
② ⓑ 이런 상황 •		• 윗사람에게 지적을 받을 때
③ ⓒ 그렇게 하는 것 •		• 보고서에 숫자를 틀리게 쓴 것

2. 다시 읽고 물음에 답해 보세요.

(1) 이 글을 쓴 사람에 대한 설명으로 알맞은 것을 골라 보세요.

① 부장님의 지적을 받고 기분이 나빴다.

② 오늘 회사에서 일하다가 업무 실수를 했다.

③ 부장님을 이해할 수 없어서 사과하지 않았다.

(2) 미국과 한국에서 대화할 때의 예절로 알맞은 것을 골라 보세요.

①

②

③

(3) 읽은 내용으로 알맞은 것을 골라 보세요.

① 나와 부장님 모두 서로의 문화에 대해서 잘 몰랐다.

② 나는 내가 한 실수에 대해서 크게 잘못했다고 생각한다.

③ 내가 부장님의 말씀에 집중하지 않아서 부장님이 심하게 화를 내셨다.

3. 1을 바탕으로 오해에 대한 경험담을 써 보세요.

	문화 차이로 생긴 오해
일상생활 속 특별한 문화	미국에서는 대화를 할 때 상대방의 눈을 똑바로 쳐다보면서 말한다. 그것은 거짓말을 하고 있지 않다는 표현일 뿐만 아니라 상대방에 대한 관심과 존경의 표현이다. 눈을 맞추지 않는 것은 예절에 맞지 않는 행동인데 그것은 상대방이 하는 말에 관심이 없다는 뜻으로 이해되기 때문이다.
그 문화 때문에 실수나 잘못을 한 경험	그런데 반대로 나는 미국의 이런 문화 때문에 한국에서 예절을 모르는 사람으로 오해를 받은 적이 있다.
실수 때문에 받은 오해	그런데 부장님의 표정이 점점 안 좋아지셨다. 화가 나신 것 같았다.
느낀 점	윗사람에게 지적을 받는 상황에서 눈을 똑바로 쳐다보는 것은 한국 예절에 맞지 않는 행동이라는 사실을 나중에 알았다. 그 이후부터는 실수하지 않고 한국 문화에 맞게 행동하게 되었다.

9 단원 특별한 날

어휘와 표현 ❶ 특별한 날

p.64

1. 알맞은 것을 골라 대화를 완성해 보세요.

대회에 나가다	예선을 통과하다	수료식에 참석하다

A 여러분은 언어교육원에 다니면서 가장 기억에 남는 일이 뭐였어요?

(1) B 댄스 대회에서 상은 못 받았지만 대회에 나가기 ________ 전에 친구들과 매일 연습한 시간들이 제일 기억에 남아요.

(2) B 지난 학기 마지막 날 강당에서 한 ________ 그때 반 친구들과 같이 사진을 찍은 게 가장 기억에 남아요.

(3) B 저는 말하기 대회에 나갔을 때가 기억에 남아요. 스무 명 중에 열 명을 뽑는 ________ 때 정말 기뻤어요.

2. 밑줄 친 부분은 주요 어휘와 표현이에요. 관계있는 것을 연결해 보세요.

(1) 청혼을 받았어요. • ········ • ① "남자 친구가 저에게 결혼하자고 말했어요."

(2) 결혼식을 올렸어요. • • ② "선배에게 초콜릿을 주면서 좋아한다고 말했어요."

(3) 마음을 표현했어요. • • ③ "레아와 민재는 지난 학기에 한옥마을에서 결혼했어요."

3. 2의 밑줄 친 표현을 사용해 글을 완성해 보세요.

결혼 사연을 올려 주세요!

우리 이화결혼식장에서 다음 달에 (1) 결혼식을 올릴 ________ 분들의 사연을 받고 있습니다. 결혼 사연을 올려 주신 분 중 세 분을 뽑아서 결혼 비용을 5% 할인해 드립니다. 게시판에 사연을 많이 올려 주세요.

안녕하세요? 저에게는 초등학생 때부터 친하게 지낸 남자아이가 한 명 있습니다. 그 친구와 저는 오랜 시간을 같이 보냈고 저는 점점 그 친구가 좋아졌습니다. 그래서 저는 그 친구에게 좋아한다고 (2) ________ 그때부터 우리는 사귀게 되었습니다. 우리가 사귄 지 1년이 되는 날, 같이 식사하다가 남자 친구에게서 결혼하자는 (3) ________. 저는 너무 기뻤고 남자 친구에게 좋다고 말했습니다. 이렇게 우리는 평생을 같이하게 되었습니다.

어휘와 표현 ❷ 사건과 사고

p.76

1. 밑줄 친 부분은 주요 어휘와 표현이에요. 관계있는 것을 연결해 대화를 완성해 보세요.

(1) "집이 너무 덥지 않아요?" • • ① "회사 직원이 갑자기 쓰러졌대요."

(2) "어? 구급차가 와 있네요." • • ② "에어컨이 꺼져 있네요. 제가 켤게요."

(3) "올리버 씨, 손이 왜 그래요?" • • ③ "깨진 그릇을 정리하다가 이렇게 됐어요."

(4) "지진이 났다고 하는데 괜찮아요?" • • ④ "집 안에 있는 물건들이 떨어져서 부서졌어요."

2. 1의 밑줄 친 표현을 사용해 대화를 완성해 보세요.

아나운서 태풍의 피해가 크다고 들었습니다. 지금 제주도 상황은 어떻습니까?

기자 현재 상황이 좋지 않습니다. 태풍 때문에 바다의 배가 (1) 부서졌고 도로에 나무도 (2) ________.

아나운서 그렇군요. 시내 상황은 어떻습니까?

기자 길에 있는 가로등이 모두 (3) ________ 강한 바람 때문에 집이나 건물의 창문 유리가 (4) ________ 곳도 있습니다.

아나운서 상황이 나쁘군요. 새로운 소식이 들어오면 계속 알려 주시기 바랍니다.

3. 알맞은 것을 골라 대화를 완성해 보세요.

켜지다	떨어지다	쏟아지다	찢어지다

(1) A 어머! 엘렌 씨, 바지가 왜 찢어졌어요?
B 학교에 늦어서 뛰어오다가 넘어졌어요.

(2) A 보는 사람이 없는데 텔레비전이 ________ 있네요.
B 아! 제가 아까 볼 게 있어서 켰는데 끄는 걸 깜빡했네요. 지금 끌게요.

(3) A 마테오, 의자에 물이 ________ 있어. 이걸로 닦고 앉아.
B 정말? 그냥 앉으려고 했는데 고마워.

(4) A 루이즈, 책상 밑에 네 펜이 ________.
B 아, 그래? 안 그래도 펜이 없어져서 어디에 있는지 계속 찾고 있었는데 알려 줘서 고마워.

문법 ❶ A/V-(ㄴ/는)다거나

pp.65~66

1. 알맞은 것을 골라 대화를 완성해 보세요.

목욕을 하다	일이 어렵다	장갑을 끼다	목도리를 하다
사이즈가 크다	신발이 불편하다	회사 생활이 힘들다	따뜻한 우유를 마시다

(1) A 안녕하세요? 신입 사원 조민재입니다. 잘 부탁드립니다.

B 네. 일이 어렵다거나 회사 생활이 힘들다거나 하면 저에게 말씀하세요.

(2) A 요즘 며칠 동안 계속 잠을 못 자서 너무 힘들고 피곤해요.

B 잠이 오지 않을 때는 ______________________ 해 보세요.

(3) A 내일 눈이 많이 오고 기온도 떨어진대요.

B 그러면 체온이 떨어지지 않게 ______________________ 하세요.

(4) A 인터넷에서 산 신발을 바꾸고 싶어요.

B ______________________ 해서 교환하고 싶으면 고객 센터로 문의하세요.

2. 대화를 완성해 보세요.

A 미술관에서 그림을 볼 때 어떤 행동을 하면 안 돼요?

(1) B ______________________ 하면 안 돼요. (사진을 찍다, 그림을 만지다)

(2) B ______________________ 하면 다른 사람에게 방해가 돼요. (뛰어다니다, 큰 소리로 떠들다)

(3) B ______________________ 하면 다른 사람들이 불편할 수 있어요. (음식물을 가져가다, 강아지를 데려가다)

A 한국어를 잘하고 싶은데 어떻게 하면 될까요?

(4) B ______________________ 하면 도움이 될 거예요. (한국 드라마를 많이 보다, 한국 소설책을 읽다)

(5) B ______________________ 하면서 공부해 보세요. (한국 뉴스를 많이 듣다, 한국 사람들과 많이 말하다)

문법 ❷ V-아/어 있다

pp.67~68

1. 그림을 보고 대화를 완성해 보세요.

(1) 

A 다샤 씨, 가방 안에 뭐가 있어요?

B 한국어 책과 필통이 들어 있어요.

(2) 

A 누가 조슈아예요?

B 창문 옆에 ______________________ 사람이 조슈아예요.

(3) 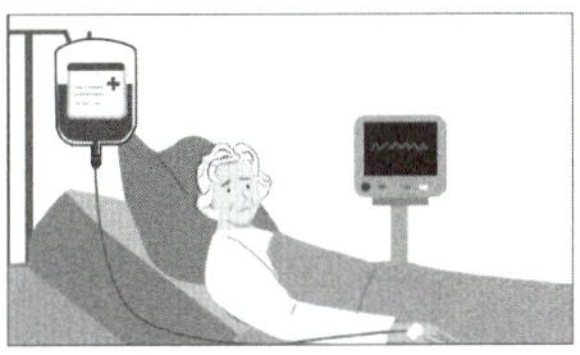

A 상우 씨, 왜 이렇게 표정이 안 좋아요?

B 할머니께서 편찮으셔서 얼마 전부터 병원에 ______________________.

(4) 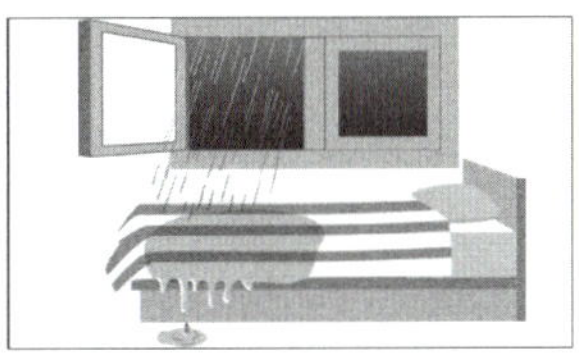

A 진영 씨, 아침에 비가 많이 왔는데 창문이 ______________________ 침대가 다 젖었어요.

B 어머, 어떡해요. 제가 아침에 나갈 때 깜빡하고 창문을 안 닫았어요.

2. 알맞은 것을 골라 글을 완성해 보세요.

붙다	비다	도착하다	준비되다

10월 5일 (토)

오늘 학교 앞 식당에서 고등학교 동창회를 했다. 평소보다 길이 막혀서 나는 약속 시간보다 조금 늦게 도착했다. 식당 입구에는 식당을 방문한 유명한 사람들과 주인이 같이 찍은 사진들이 벽에 (1) 붙어 있었다. 사진을 본 후에 식당 안으로 들어가니까 친구들이 모두 (2) ______________________. 오랜만에 친구들을 만났는데 모두 고등학교 때 모습 그대로였다. 친구들과 인사를 한 후에 한 자리만 (3) ______________________ 나는 거기에 앉았다. 식탁 위에 음식도 이미 (4) ______________________. 오랜만에 친구들과 이야기도 하고 맛있는 음식을 먹으면서 즐거운 시간을 보냈다.

문법 ③ A/V-(으)ㄴ/는/(으)ㄹ 모양이다

pp.70~71

1. 알맞은 것을 골라 대화를 완성해 보세요.

듣다	맛있다	피곤하다	시험 기간이다

(1) A 저 식당 앞에는 항상 사람들이 줄을 서 있네요.

B 음식이 정말 맛있는 모양이에요. 우리도 한번 가 볼래요?

(2) A 도서관에 사람이 정말 많네요.

B 그러게요. 이렇게 자리가 없는 걸 보니까 ______________.

(3) A 상우가 집에 오자마자 바로 자네요.

B 며칠 동안 계속 늦게까지 공부했잖아요. 그래서 많이 ______________.

(4) A 루이즈가 기분이 좋아 보이네. 왜 그런지 알아?

B 아까 진차오가 콘서트 표가 생겨서 우리 반 친구들한테 갈 수 있는지 물어본다고 했거든.

아마 루이즈도 그 이야기를 ______________.

2. 알맞은 것을 골라 ○표 해 보세요.

(1) A 밖에 사람들을 좀 보세요. 어제와 다르게 옷을 두껍게 입었네요.

B 그러게요. 오늘 날씨가 (추운, 추울) 모양이에요.

(2) A 여기 카페가 있었는데 공사를 하고 있네요.

B 지금 공사 중인 걸 보니까 새로운 가게가 곧 문을 (연, 열) 모양이네요.

(3) A 위칭은 지금 어디에서 살고 있어요?

B 글쎄요. 학교에 걸어오는 걸 보니까 아마 학교 근처에 (사는, 살) 모양이에요.

(4) A 안나가 학교에 왔네. 오늘 여행 간다고 하지 않았어?

B 아까 잠깐 이야기를 들으니까 비가 많이 와서 여행을 (취소한, 취소하는) 모양이야.

(5) A 올리버 씨가 감기 때문에 어제와 오늘 계속 회사에 안 왔어요.

B 그래요? 이틀 동안 회사에 안 온 걸 보니까 올리버 씨가 정말 많이 (아픈, 아플) 모양이네요.

문법 ❹ 피동사

1. 밑줄 친 부분을 맞게 고쳐 보세요.

(1) A 이 사진에서 유나 씨는 어디에 있어요?

B 여기요. 엄마에게 <u>안아</u> 있어요. → 안겨

(2) A 손님, 어떤 방으로 예약해 드릴까요?

B 바다가 <u>보는</u> 방으로 예약해 주세요. → ______________

(3) A 명동까지 버스를 타고 가는 게 어때요?

B 지금 출퇴근 시간이라서 길이 많이 <u>막을</u> 거예요. → ______________

(4) A 루이즈 씨, 주말에 뭐 했어요?

B 그동안 숙제가 많이 <u>밀어서</u> 주말에 숙제를 다 했어요. → ______________

2. 그림을 보고 글을 완성해 보세요.

요즘 인기 있는 카페 '봄'에 다녀왔어요. 이 카페는 커피도 맛있지만 분위기도 정말 좋았어요. 카페 가운데에는 많은 화분이 (1) 놓여 ______ 있었고 테이블마다 꽃병에 꽃이 (2) ______________ 있었어요. 저는 이 카페에서 커피를 마시면서 숙제를 했는데요. 조용한 음악 소리가 (3) ______________ 음악 소리 덕분에 마음 편안하게 집중해서 숙제를 할 수 있었어요. 그런데 노트북을 사용할 때 와이파이가 자주 (4) ______________ 조금 불편했어요.

더 알아보기 V-아/어지다

p.80

1. 알맞은 것을 골라 ○표 해 보세요.

(1) A 쇼타 씨, 왜 다리를 다쳤어요?

B 축구를 하다가 넘어져서 다리가 (부러뜨렸어요, 부러졌어요).

(2) A 한국어 수업 시간에 학생들이 꼭 (지켜야, 지켜져야) 할 규칙이 있어요?

B 한국어로만 이야기하고 수업 중에 음식을 먹으면 안 돼요.

(3) A 제가 1등을 해서 장학금을 받게 됐대요. 정말 (믿을, 믿어질) 수가 없어요.

B 그동안 열심히 공부했잖아요. 정말 축하해요.

(4) A 저는 보통 화장을 진하게 하는 편인데 깨끗하게 지우고 싶어요. 좋은 화장품을 추천해 주세요.

B 그럼 손님, 이 화장품을 써 보세요. 조금만 써도 아주 깨끗하게 잘 (지워요, 지워져요).

(5) A 안나 씨, 방학에 특별한 계획이 있어요?

B 네. 방학에 가족들이 한국에 와서 같이 시간을 보내기로 했어요. 가족들을 만날 생각을 하니까 벌써부터 방학이 (기다려요, 기다려져요).

2. 알맞은 것을 골라 대화를 완성해 보세요.

굽다	끓다	느끼다	정하다

(1) A 와, 빵을 만들었어요? 정말 맛있는 냄새가 나요.

B 그래요? 빵이 잘 구워졌는데 한번 드셔 보세요.

(2) A 다음 주에 우리 반 모임이 있죠? 모임 장소가 ________________?

B 아니요. 엘렌이 오늘 수업 후에 알아보기로 했어요.

(3) A 올리버 씨, 다니엘은 요즘 어떻게 지내요?

B 저도 잘 몰라요. 얼마 전부터 소식이 ________________ 저도 궁금해요.

(4) A 제가 요즘 바빠서 식당에 갈 시간이 없거든요. 그래서 엄마가 도시락을 싸 주세요.

B 정말요? 유나 씨를 생각하는 어머니의 따뜻한 마음이 ________________.

듣고 쓰기

1. 라디오 방송이에요. 듣고 물음에 답해 보세요.

5

(1) 들은 내용으로 맞지 않는 것을 골라 보세요.

① 진행자는 다샤에게 케이크를 선물로 보낼 거예요.

② 다샤는 한국어를 공부하러 1년 전에 한국에 왔어요.

③ 위칭은 다샤가 한국 생활에 대해 잘 알 수 있게 도와주었어요.

(2) 다시 듣고 다샤가 위칭에게 보내는 편지를 써 보세요.

위칭에게

안녕? 이렇게 갑자기 편지를 써서 깜짝 놀랐지? 너에게 항상 고마웠는데 말을 제대로 하지 못해서 이렇게 편지를 썼어. 내가 처음 한국에 왔을 때 친구들과 친해지고 싶었지만 소극적인 성격이라서 말도 못 하고 혼자 교실에 ① ____________________ 때가 많았잖아. 그런데 네가 먼저 웃으면서 말을 걸어 줘서 너무 고마웠어. 매일 이야기를 한다거나 같이 ② ____________________ 하면서 우리가 가까워졌잖아. 네 덕분에 한국 생활이 즐겁고 한국어 수업도 더 재미있어졌어. 앞으로 우리 계속 잘 지내자. 정말 고마워.

다샤가

2. 엘렌과 안나의 대화예요. 듣고 물음에 답해 보세요.

6

(1) 대화의 내용으로 맞지 않는 것을 골라 보세요.

① 안나는 옷을 볼 때마다 할머니가 생각나요.

② 안나의 부모님이 바빠서 할머니가 안나를 돌보셨어요.

③ 안나의 할머니는 옷을 사서 안나에게 선물로 주었어요.

(2) 다시 듣고 들은 내용을 써 보세요.

안나는 오늘도 같은 옷을 입고 왔다. 엘렌은 그 모습을 보고 안나가 정말 그 옷을 ① ____________________ 생각했다. 그 옷은 안나에게 정말 특별한 옷이었다. 안나가 고등학생 때 집에 돌아오니까 침대 위에 ② ____________________. 할머니께 이 옷이 뭐냐고 물어보니까 안나를 생각하면서 준비한 옷이라고 하셨다. 안나가 자주 입는 이 옷은 안나에 대한 할머니의 ③ ____________________ 특별한 선물이었다.

말하기

1. 다음을 읽고 ⓐ, ⓑ에 들어갈 말로 알맞은 것을 골라 보세요.

안나	마테오 씨, 이 사진은 언제 찍은 거예요?
마테오	제 고등학교 졸업식 날에 친구가 찍어 준 사진이에요.
안나	그런데 왜 무대 위에 있는 거예요?
마테오	이날 제가 1등을 해서 졸업생 대표로 상을 받았거든요.
안나	그랬군요. 상을 대표로 받은 걸 보니까 정말 ____ⓐ____.
마테오	그날 강당에 많은 사람들이 ____ⓑ____ 그 많은 사람들 앞에서 상을 받아서 정말 떨렸어요. 저에겐 잊지 못할 날이에요.

① ⓐ 일을 못한 모양이네요 ⓑ 앉아 있었는데

② ⓐ 공부를 잘한 모양이네요 ⓑ 모여 있었는데

③ ⓐ 시험을 잘 본 모양이네요 ⓑ 숨어 있었는데

2. 다음 물음에 답해 보세요.

(1) 사고에 대해 설명을 요청하는 말로 알맞은 것을 골라 보세요. 말하기 기능

A 제가 편의점 앞을 지나다가 그 사고를 직접 봤어요.

B 뭐라고요? ________________________?

① 갑자기 사고가 나서 너무 힘들었죠 ② 무슨 일이 있었는지 모르겠지만 먼저 좀 쉴래요 ③ 어떻게 하다가 사고가 났는지 이야기해 줄 수 있어요

(2) 사고 장면을 자세히 설명하는 말로 알맞은 것을 골라 보세요. 말하기 기능

A 그다음에는 어떻게 됐어요?

B ________________________.

① 저도 왜 그 일이 일어났는지 잘 모르겠어요 ② 학교 앞에서 조금 더 걸어가면 큰 나무가 보일 거예요 ③ 큰 소리가 들려서 보니까 나무가 쓰러져 있었어요

(3) 친구가 살고 있는 곳에서 오늘 지진이 나서 친구에게 전화했어요. 지진이 일어난 상황에 대해 묻고 답하는 대화를 완성해 보세요. 그리고 말해 보세요.

리카에게 전화해서 지진에 대해 물어보세요. 리카에게 설명을 요청하고 지진이 난 상황을 물어보세요. 그리고 리카가 어땠을지 상황을 추측해 물어보세요.

학교에 가려고 준비하고 있는데 지진이 났어요. 다샤에게 지진이 났을 때 상황에 대해 자세히 이야기하고 다샤의 추측에 대해 대답하세요.

1

사고를 경험했음을 말하기

학교 | 가다 + 준비하다 + 지진 | 나다

다샤 여보세요. 리카 씨, 괜찮아요? 오늘 아침에 지진이 났다고 들었어요.

리카 네. 맞아요. ① ______________________________
______________________________.

2

사고에 대해 설명 요청하기

그 일 | 좀 더 이야기하다

다샤 정말요? ② ______________________________
______________________________.

리카 갑자기 집이 심하게 흔들렸어요. 그래서 빨리 책상 밑으로 몸을 피했어요.

3

그다음 상황 자세히 설명하기

지진 | 멈추다 + 방 | 나가다 + 전등 | 끄다 + 창문 | 깨다 식탁 | 부수다 + 식탁 위 | 놓여 있던 물병 | 쓰러뜨리다

다샤 그다음에는 어떻게 됐어요?

리카 ③ ______________________________
______________________________.
______________________________.

4

사고 난 후의 상황을 추측해서 묻기

많이 놀라다
괜찮다

다샤 리카 씨, ④ ______________________________.
______________________________?

리카 조금 놀랐지만 지금은 괜찮아졌어요.

읽고 쓰기

1. 다음을 읽고 물음에 답해 보세요.

특별한 파티를 원하는 분들은 이곳에서!

평소와 다른 특별하고 기억에 남는 파티를 하고 싶으십니까? 그럼 바로 이곳에서 파티를 해 보는 건 어떠세요? 저희는 파티 장소를 빌려 드리고 파티 준비도 도와드리는 '이화스페이스'입니다.

이화스페이스에서는 잊지 못할 파티를 위해 여러 가지를 준비해 드립니다. 먼저 원하는 음식이나 음료수를 준비해 드립니다. '생일 축하해! 사랑해!'와 같이 파티 주인공에게 하시고 싶은 말을 미리 말씀해 주시면 케이크 위에 써서 준비해 드리겠습니다. 그리고 식탁 위에 따뜻한 음식도 놓아 드릴 겁니다. 생일을 축하해 드리기 위해 꽃도 준비해 드립니다. 파티 장소에 들어가시면 식탁 위에 꽃병에 꽂혀 있는 꽃도 보실 수 있을 겁니다. (ⓐ) 또 다양한 색깔의 풍선을 벽에 장식해 드립니다. 그리고 특별한 분위기를 느낄 수 있게 '축하합니다!'라는 글도 벽에 걸어 드릴 겁니다. 파티 주인공과 같이 찍은 사진이나 축하 카드를 미리 보내 주시면 벽에 붙여 드립니다. (ⓑ)

이용 요금은 10만 원으로 두 시간 동안 사용하실 수 있습니다. 그리고 하루 전까지 미리 말씀해 주시면 더 오랜 시간 동안 이용하실 수 있습니다. (ⓒ) 혼자서 파티 준비가 어렵다거나 가족이나 친구 모르게 깜짝 파티를 준비한다거나 하는 분들은 한번 이용해 보세요. 잊지 못할 특별한 날을 만들어 드리겠습니다.

(1) 생일 파티 장소를 묘사한 그림으로 맞지 <u>않는</u> 것을 골라 보세요. 읽기 전략

①

②

③

2. 다시 읽고 물음에 답해 보세요.

(1) 이 글을 쓴 목적으로 알맞은 것을 골라 보세요.

① 파티 장소를 이용할 수 있게 광고하려고
② 사람들이 좋아하는 파티 음식을 소개하려고
③ 파티 준비를 어떻게 하면 좋은지 설명하려고

(2) 다음 문장이 들어갈 곳으로 알맞은 것을 골라 보세요.

하지만 두 시간이 넘으면 요금을 더 내셔야 합니다.

① ⓐ　　② ⓑ　　③ ⓒ

(3) '이화스페이스'에 대한 내용으로 알맞은 것을 골라 보세요.

① 파티에 필요한 물건을 만들어서 판다.

② 파티를 하면 특별한 말을 쓴 케이크를 준비해 준다.

③ 파티가 끝나기 30분 전까지 말하면 장소를 더 오래 이용할 수 있다.

3. 1을 바탕으로 기억에 남는 생일 파티 장소를 묘사하는 글을 써 보세요.

	잊지 못할 그날
생일 파티를 하게 된 계기	오늘은 내 스물두 번째 생일이다. 반 친구들과 같이 시간을 보내려고 했지만 친구들이 모두 오늘 바쁘다고 해서 다음 주에 만나기로 했다. 그런데 아침에 갑자기 안나가 전화를 해서 시간이 괜찮으면 오늘 보자고 했다. 그래서 약속 시간에 안나가 말한 장소로 갔다.
생일 파티 장소에 도착했을 때 생긴 일	그곳에 갔는데 문이 닫혀 있었다. 그래서 안나에게 연락하니까 먼저 들어가 있으라고 했다. 문을 여니까 다음 주에 만나기로 한 우리 반 친구들이 모두 모여 있었다.
생일 파티 장소 묘사	
생일 파티에서 한 일과 파티가 끝난 후의 느낌	친구들이 나를 위해 파티 장소를 빌리고 깜짝 생일 파티를 준비했다는 말을 듣고 고마워서 눈물이 났다. 우리는 맛있는 음식도 먹고 즐겁게 놀면서 같이 시간을 보냈다. 정말 잊지 못할 행복한 하루였다.

10 단원 음식과 생활

어휘와 표현 ❶ 요리 방법

p.86

1. 밑줄 친 부분은 주요 어휘와 표현이에요. 관계있는 것을 연결해 문장을 완성해 보세요.

(1) 마늘을 •
(2) 칼로 파를 •
(3) 감자는 채를 •
(4) 국이 다 끓으면 국자로 국을 •

• ① 떠서 국그릇에 담아요.
• ② 썰고 튀겨서 감자튀김을 했어요.
• ③ 다듬은 후에 썰어서 파전을 만들었어요.
• ④ 까서 칼로 다진 후에 마늘빵을 만들어요.

2. 1의 밑줄 친 표현을 사용해 글을 완성해 보세요.

여러분, 오늘은 감자와 양파로 국을 만들겠습니다. 먼저 감자는 네모 모양으로 작게 썰고 양파는 얇게 (1) 채를 써세요. 다음으로 마늘을 준비해야 합니다. (2) ________ 후에 다지세요. 파도 준비해 주세요. (3) ________ 작게 써세요. 그다음에 물에 감자와 양파를 넣고 끓이다가 다진 마늘을 넣으세요. 마지막에 파를 넣고 소금도 넣으세요. 이제 국자로 (4) ________ 국그릇에 담으면 됩니다. 아주 쉽죠?

3. 알맞은 것을 골라 대화를 완성해 보세요.

국을 젓다	죽을 푸다	과일을 깎다	고기를 건지다

(1) A 친구들이 오면 빵하고 과일을 먹을 거예요?
B 네. 저는 빵을 준비할게요. 위칭 씨는 과일을 깎아 주세요.

(2) A 많이 바빠요? 뭐 좀 도와줄까요?
B 네. 죽을 끓였는데요. 여기에 있는 ________ 그릇에 담아 주세요.

(3) A 이 음식은 어떻게 만들어요?
B 양념, 채소랑 같이 고기를 삶으세요. 그리고 ________ 후에 썰어서 먹어요.

(4) A 선생님, 이제 국이 다 완성된 건가요?
B 네. 재료가 잘 섞이게 국자로 ________ 주세요. 그리고 1분 후에 불을 끄면 돼요.

어휘와 표현 ❷ 맛과 먹는 방법

p.98

1. 밑줄 친 부분은 주요 어휘와 표현이에요. 관계있는 것을 연결해 보세요.

(1) 고소해요. • ⋯⋯ • ② "이 과자는 땅콩 맛이 나서 맛있어요."

(2) 느끼해요. •

(3) 달콤해요. •

• ① "치킨에 기름이 너무 많은 것 같네요."

• ② "이 과자는 땅콩 맛이 나서 맛있어요."

• ③ "이 케이크는 초콜릿으로 만들어서 달아요."

2. 1의 밑줄 친 표현을 사용해 글을 완성해 보세요.

12월 25일 일요일

오늘 크리스마스라서 친구들과 파티를 했다. 먼저 우리는 서로에게 선물을 줬다. 나는 친구들에게 장갑을 선물로 주고 친구들에게서 액세서리와 화장품을 받았다. 그리고 우리는 치킨을 배달시켜 먹었다. 치킨이 잘 튀겨져서 (1) 느끼하지 않고 맛있었다. 양념치킨도 주문했는데 양념치킨은 맵지 않아서 좋았고 위에 (2) ________ 땅콩이 뿌려져 있었다. 디저트로는 (3) ________ 케이크와 아이스크림을 먹었다. 우리는 올해 기억에 남는 일들, 감사한 일들을 이야기하면서 즐거운 시간을 보냈다. 크리스마스인데 눈까지 내려서 더 기분 좋은 하루였다.

3. 알맞은 것을 골라 대화를 완성해 보세요.

찍다	비비다	뿌리다

엘렌 우리 오늘 고기 구워 먹을까요?

안나 좋아요. 제가 구울게요.

엘렌 그럼 여기 프라이팬에 고기를 굽고 나서 마지막에 후추를 (1) 뿌려 주세요.

안나 네. 고기를 먹을 때 소금을 넣은 참기름에 (2) ________ 먹으면 더 맛있어요.

엘렌 맞아요. 저는 같이 먹을 비빔국수를 만들어 볼게요.

안나 비빔국수요? 그건 어떻게 만들어요?

엘렌 고추장이랑 간장 같은 양념으로 소스를 만들어요. 그리고 그 소스를 삶은 국수에 넣고 (3) ________ 돼요.

안나 그래요? 맛있겠네요.

문법 ① V-(으)ㄹ 줄 알다 (방법)

pp.87~88

1. 알맞은 것을 골라 대화를 완성해 보세요.

쓰다	짓다	찍다	치다

(1) A 쇼타 씨, 테니스도 잘하네요?

B 네. 어렸을 때 배워서 테니스를 칠 줄 알아요.

(2) A 여기 경치가 너무 멋있다. 사진 좀 찍어 줘.

B 난 사진 잘 못 찍는데. 예쁘게 ____________.

(3) A 여러분, 밥을 ____________? 제가 밥을 맛있게 짓는 방법을 가르쳐 드릴게요.

B 네. 좋아요. 가르쳐 주세요.

(4) A 다샤 씨, 한국에 오기 전에 한국어를 배웠어요?

B 아니요. 한국에서 처음 배웠어요. 그래서 한국에 왔을 때 한국어로 제 이름도 읽고 ____________.

2. 의미가 같은 문장으로 바꿔 보세요.

(1) 저는 중국어를 배우지 않았어요. 중국어를 할 수 없어요.

→ 저는 중국어를 배우지 않았어요. 중국어를 할 줄 몰라요.

(2) 저는 스키를 탈 수 있습니다. 스키 타는 걸 좋아합니다.

→ 저는 스키를 ____________. 스키 타는 걸 좋아합니다.

(3) 떡볶이를 맛있게 만드는 방법을 알아?

→ 떡볶이를 맛있게 ____________?

(4) 된장찌개 끓이는 방법을 모르면 제가 가르쳐 줄게요.

→ 된장찌개를 ____________ 제가 가르쳐 줄게요.

(5) 한국어능력시험(TOPIK) 접수를 어떻게 해요? 잘 모르겠어요.

→ 한국어능력시험(TOPIK) 접수를 ____________.

문법 ❷ A/V-거든

pp.89~90

1. 관계있는 것을 연결하고 대화를 완성해 보세요.

(1) 피곤하다 •	• ① 먼저 쉬다
(2) 문제를 다 풀다 •	• ② 편하게 물어보다
(3) 이미 예약이 끝났다 •	• ③ 시험지를 제출하다
(4) 일하다가 잘 모르는 것이 있다 •	• ④ 행복식당으로 예약하다

(1) A 할머니, 오랜만에 할머니 댁에 오니까 너무 좋아요.

B 그래. 잘 왔다. 피곤하거든 먼저 쉬어. 조금 이따 저녁 먹자.

(2) A 여러분, 이제 시험을 시작하겠습니다. 문제를 다 ________________.

B 네. 알겠습니다. 선생님.

(3) A 이번 모임은 이화식당에서 할까요? 제가 예약할게요.

B 좋아요. 그런데 이미 예약이 ________________.

(4) A 안녕하세요? 저는 이번에 새로 입사한 조민재입니다. 잘 부탁드립니다.

B 환영합니다. 저는 올리버라고 합니다. 일하다가 모르는 것이 ________________.

2. 알맞은 것을 모두 골라 ◌표 해 보세요.

(1) A 공항에 도착하거든 꼭 (연락하세요, 연락할게요, 연락합니다).

B 네. 알겠어요.

(2) A 내일은 날씨가 오늘보다 더 덥대요.

B 날씨가 너무 덥거든 같이 냉면 먹으러 (가자, 갑니다, 갔어요).

(3) A 아직 주문을 안 (했거든, 했으면, 하거든) 제 커피도 같이 시켜 주세요.

B 네. 그럴게요.

(4) A 학교 앞에 있는 공원에 가 봤어요? 정말 예쁘던데요.

B 그렇죠? 특히 봄이 (오면, 오거든, 왔거든) 꽃이 피어서 더 예뻐요. 봄에도 가 보세요.

문법 ❸ A/V-아/어도

pp.92~93

1. 알맞은 것을 골라 대화를 완성해 보세요.

듣다	찾다	막히다	노력하다

(1) A 내 휴대 전화 못 봤어? 아무리 찾아도 없네.
B 그래? 그럼 내가 네 번호로 전화해 볼게.

(2) A 저는 한국 뉴스를 여러 번 ______________ 이해를 못 하겠어요.
B 단어와 문법을 잘 모르면 그럴 수 있어요. 뉴스에 나오는 단어 뜻을 알아야 돼요.

(3) A 시험에 또 떨어졌어요. 아무리 ______________ 안 되는 일이 있는 것 같아요.
B 너무 실망하지 마세요. 더 좋은 길이 있을 거예요.

(4) A 퇴근 시간이라서 길에 차가 많을 것 같은데 지하철을 타고 갈까요?
B 길이 좀 ______________ 운전해서 가는 게 나아요. 여기서 지하철역이 너무 멀거든요.

2. 알맞은 것을 골라 글을 완성해 보세요.

있다	바쁘다	슬프다	일이다

안녕하세요. 제 친구 루이즈를 소개하려고 합니다. 루이즈는 성격이 참 좋습니다. 먼저 루이즈는 긍정적인 사람입니다. 그래서 힘든 일이 (1) 있어도 그 시간을 잘 보내면 배우는 것이 있다고 생각합니다. 다음으로 루이즈는 자신의 감정에 솔직합니다. 어떤 사람들은 아무리 (2) ______________ 울지 않습니다. 하지만 루이즈는 기쁠 때 기뻐하고 슬플 때 슬퍼하면서 감정을 솔직하게 표현하는 편입니다. 또 루이즈는 여러 일로 (3) ______________ 마음의 여유를 잃지 않습니다. 급한 마음만으로는 일을 해결할 수 없다고 생각하기 때문입니다. 마지막으로 루이즈는 성실합니다. 하기 힘든 (4) ______________ 맡은 일은 꼭 하려고 노력합니다. 저는 이렇게 멋진 루이즈와 계속 잘 지내고 싶습니다.

문법 ❹ A/V-기는 하다

pp.99~100

1. 관계있는 것을 연결하고 문장을 만들어 보세요.

(1) 이번 시험이 어려웠다 • ··········· • ① 잘 본 것 같다

(2) 아직 점심 식사 전이다 • • ② 이름도 모르다

(3) 상우는 운전할 줄 알다 • • ③ 잘 치지는 못하다

(4) 동생이 요즘 기타를 배우다 • • ④ 배가 별로 안 고프다

(5) 나는 그 사람을 만난 적이 있다 • • ⑤ 아직 운전에 익숙하지 않다

(1) 이번 시험이 어렵기는 했지만 잘 본 것 같다.

(2) 아직 점심 식사 ______________________.

(3) 상우는 운전할 줄 ______________________.

(4) 동생이 요즘 기타를 ______________________.

(5) 나는 그 사람을 만난 적이 ______________________.

2. 알맞은 것을 골라 대화를 완성해 보세요.

넣다	자다	무섭다	잘하다

(1) A 많이 피곤해 보이네. 밤에 잠을 못 잤어?

B 아니. 자기는 했지만 시끄러운 소리 때문에 일찍 깼어.

(2) A 이 영화 볼 거예요? 전 공포 영화를 별로 안 좋아하는데…….

B 영화가 ______________ 감동적이래요. 그래서 저는 보려고 해요.

(3) A 이번 뮤지컬에서 최소라 배우가 주인공을 맡았대요.

B 최소라 배우가 연기를 ______________ 노래도 잘할지는 모르겠네요.

(4) A 제 입맛에는 국이 좀 싱거운 것 같아요.

B 그래요? 아까 소금을 ______________. 아직도 싱거우면 소금을 더 넣으세요.

더 알아보기 아무 N(이)나, 아무 N도

p.97

1. 알맞은 것을 골라 ○표 해 보세요.

(1) A 우리 저녁에 뭘 먹을까? 뭐 먹고 싶은 거 있어?

B 나는 (아무거나, 아무것도) 다 좋으니까 너 먹고 싶은 거 먹자.

(2) A 아직 조사 중이니까 이번 사건에 대해 다른 사람에게 말하지 마세요.

B 네. 알겠습니다. (아무에게나, 아무에게도) 말하지 않겠습니다.

(3) A 오후에 비가 온대요. 우산 가지고 나가세요.

B 그래요? 그럼 거기 있는 우산 중에서 (아무 우산이나, 아무 우산도) 줘 보세요.

(4) A 저, 혹시 이 문으로 들어가도 돼요?

B 죄송하지만 여기로는 (아무나, 아무도) 갈 수 없습니다. 행사를 진행하는 사람만 들어갈 수 있습니다.

(5) A 면접시험은 잘 봤어? 준비 많이 했잖아.

B 어휴. 말도 마. 너무 긴장해서 머릿속에서 (아무 생각이나 , 아무 생각도) 안 났어. 떨어지면 어떡하지?

2. 알맞은 것을 골라 대화를 완성해 보세요.

아무 데도	아무 때나	아무 데서나	아무한테서도

(1) A 이번 금요일에 반 모임 있다는 얘기 친구들한테서 들었죠?

B 아니요. 저는 아무한테서도 못 들었어요.

(2) A 이거 다른 가게에서 샀는데 여기에서 교환할 수 있어요?

B 그럼요. 영수증만 있으면 ________________ 교환해 드립니다.

(3) A 휴가 때 여행은 잘 다녀왔어요?

B 아니요. 휴가 첫날부터 아파서 ________________ 못 가고 집에만 있었어요.

(4) A 부장님, 출장 가셨을 때 급하게 연락드릴 일이 있으면 어떻게 할까요?

B 나한테는 ________________ 연락해도 되니까 걱정하지 말고 편하게 연락하세요.

듣고 쓰기

1. 사회자와 요리사의 대화예요. 듣고 물음에 답해 보세요.

7

(1) 들은 내용으로 알맞은 것을 골라 보세요.

① 김치는 작게 썰고 파는 크게 썰어요.

② 김치볶음밥이 싱거우면 김치를 더 넣어요.

③ 참기름은 요리할 때 가장 마지막에 넣어요.

(2) 다시 듣고 김치볶음밥 요리법을 써 보세요.

맛있는 김치볶음밥 만들기

오늘은 김치볶음밥 만드는 방법을 소개하겠습니다. 김치볶음밥은 많은 분들이 ① ______________________ 음식이지만 오늘은 더 맛있게 하는 방법을 소개하려고 합니다. 먼저 김치와 파를 썰어 주세요. 그리고 프라이팬에 기름을 두르고 파를 넣어서 파 기름을 만드세요. 그다음에는 썬 김치를 넣고 볶다가 밥을 넣고 잘 섞습니다. 이때 매운맛을 ② ______________________ 고춧가루를 더 넣어 보세요. 그럼 맛있는 김치볶음밥이 완성됩니다.

2. 마테오와 위칭의 대화예요. 듣고 물음에 답해 보세요.

8

(1) 두 사람이 이야기한 내용으로 맞지 않는 것을 골라 보세요.

① 이화시장은 어제 평소보다 사람이 많지 않았다

② 마테오는 이화시장에 가서 떡갈비와 김밥을 먹었다.

③ 이화시장에 가면 여러 식당의 음식을 조금씩 다 맛볼 수 있다.

(2) 다시 듣고 들은 내용을 써 보세요.

마테오는 어제 이화시장에 다녀왔다. 마테오는 시장에서 여러 가지 음식을 먹었는데 특히 떡볶이가 맛있었다. 위칭은 마테오의 이야기를 듣고 떡볶이는 어디서 ① ______________________ 말했다. 그렇지만 마테오는 자기도 떡볶이를 ② ______________________ 그 집은 요리법이 달랐다고 했다. 기름에 고춧가루와 떡을 넣고 볶아서 만들기 때문이었다. 마테오의 이야기를 듣고 위칭도 이화시장의 떡볶이를 먹어 보고 싶었다. 그래서 마테오는 위칭에게 독특한 떡볶이를 ③ ______________________ 한번 가 보라고 했다.

말하기

1. 다음을 읽고 ⓐ, ⓑ에 들어갈 말로 알맞은 것을 골라 보세요.

엘렌　조슈아 씨는 특별할 때 생각나는 음식이 있어요? 언제 무슨 음식이 생각나요?
조슈아　저는 아플 때 갈비탕이 생각나요.
엘렌　갈비탕요? 왜 갈비탕이 생각나요?
조슈아　작년 여름에 감기에 걸려서 많이 아팠을 때 한국 친구가 갈비탕을 사 줬거든요.
엘렌　____ⓐ____ 뜨거운 음식을 먹으니까 몸이 좋아졌군요.
조슈아　네. 그다음부터 몸이 안 좋을 때 갈비탕이 생각나요.
엘렌　그렇군요. 다음에 아플 때 ____ⓑ____ 저에게 이야기하세요. 제가 사 줄게요.

① ⓐ 날씨가 더워도　ⓑ 갈비탕이 생각나거든
② ⓐ 아무리 추워도　ⓑ 갈비탕을 먹고 싶거든
③ ⓐ 한국이 따뜻해도　ⓑ 갈비탕을 파는 식당이 있거든

2. 다음 물음에 답해 보세요.

(1) 음식의 차이점에 대해 표현하는 말로 알맞은 것을 골라 보세요. 말하기 기능

A 물냉면하고 비빔냉면은 어떻게 달라요?
B ____________________.

① 물냉면하고 비빔냉면 모두 시원해서 한국 사람들은 여름에 많이 먹어요
② 물냉면과 비빔냉면은 식사로 먹기도 하지만 고기를 구워 먹고 나서 먹기도 해요
③ 물냉면은 시원한 국물에 면을 넣어서 만든 거고 비빔냉면은 면을 매운 양념으로 비벼서 만든 거예요

(2) 음식의 맛에 대한 취향을 표현하는 말로 알맞은 것을 골라 보세요. 말하기 기능

A 단 거 좋아해요? 잘 먹어요?
B ____________________.

① 예전에 먹어 본 적이 있었어요
② 좋아하지는 않지만 가끔 먹기는 해요
③ 이거 한번 먹어 보면 맛을 알게 될 거예요

(3) 식당에서 주문 전에 메뉴판에 있는 음식의 차이점과 음식의 맛에 대한 취향을 말하는 대화를 완성해 보세요. 그리고 말해 보세요.

상우에게 메뉴판에 있는 된장찌개와 김치찌개의 차이점과 좋아하는 음식의 맛을 물어 보세요. 그리고 자신이 좋아하는 음식의 맛과 추가하고 싶은 다른 음식도 말하세요.

다샤가 묻는 음식의 차이점에 대해 설명하고 좋아하는 음식의 맛에 대해 이야기하세요. 그리고 주문하고 싶은 음식을 정하고 추가하고 싶은 음식을 추천하세요.

1 **음식의 차이점에 대해 답하기**

된장찌개 | 된장 국물 | 채소 | 넣다 + 끓인 것이다 + 김치찌개 | 김치 | 고기 | 넣다 + 끓인 것이다

다샤 상우 씨, 여기 메뉴판에 있는 된장찌개와 김치찌개는 어떻게 달라요?

상우 ① ______________________________
______________________________.
둘 다 한국 사람들이 좋아해요.

2 **음식의 맛에 대한 취향 답하기**

좋아하다 + 자주 먹는 편 | 아니다

다샤 김치찌개는 좀 매울 것 같은데 상우 씨는 매운 거 좋아해요? 잘 먹어요?

상우 ② ______________________________.
다샤 씨는요?

다샤 저는 매운 거 잘 못 먹어요.

3 **메뉴 추가 제안하기**

찌개 | 시키다 + 부족하다 ×

상우 그럼 다샤 씨는 된장찌개로 해요. 저는 김치찌개 시킬게요.

다샤 네. 그런데 ③ ______________________________
______________? 다른 거 하나 더 시켜요.

4 **추가 메뉴 정하기**

파전 | 하나 더 시키다 그리고 모자라다 + 이따가 또 시키다

상우 좋아요. ④ ______________________________.
______________________________.

다샤 네. 그렇게 해요.

읽고 쓰기

1. 다음을 읽고 물음에 답해 보세요.

유나의 블로그 > 여행 > 태국 > 음식

여행 첫날 먹은 태국 음식

오늘은 태국 여행 첫날이다. 나는 위칭과 함께 태국에 도착하자마자 태국 음식을 먹어 보고 싶었다. 그래서 태국 사람인 위칭에게 잘 아는 태국 식당에 데려가 달라고 했다.

우리는 한 식당에 들어가서 먼저 메뉴판을 받았다. 위칭이 음식에 대해 설명해 주었다. 똠얌꿍(Tom Yum Kung)은 새우와 채소를 넣고 끓인 매운 국물 요리이고 팟타이(Pad Thai)는 볶은 쌀국수라고 했다. 그리고 쏨땀(Som Tom)은 한국의 김치와 비슷한 샐러드라고 했다. 그리고 위칭은 나에게 고수를 먹을 수 있냐고 물었다. 태국에서는 보통 똠얌꿍이나 팟타이와 같은 음식에 고수를 넣어 먹는다고 했다. 그런데 고수의 독특한 맛과 향 때문에 별로 좋아하지 않는 사람도 있다고 했다. 나는 고수를 먹어 보지 않아서 그 맛을 몰랐다. 그래서 음식과 고수를 따로 받기로 하고 똠얌꿍, 팟타이, 쏨땀을 주문했다.

ⓐ 잠시 후 주문한 음식과 고수가 나왔다. 나는 고수를 먼저 먹어 봤는데 조금만 먹어도 향이 아주 강하게 느껴졌다. 향과 맛이 독특하기는 했지만 내 입에는 잘 맞았다. ⓑ 그래서 나는 똠얌꿍과 팟타이에 고수를 넣어 먹었다. 고수는 음식의 맛을 더 맛있게 만들어 주었다. ⓒ 태국의 맛을 느끼고 싶을 때 고수를 먹으면 좋을 것 같았다.

여행 첫날부터 새로운 경험을 할 수 있어서 정말 좋았다. 그리고 앞으로의 여행도 기대가 된다.

(1) ⓐ, ⓑ, ⓒ를 읽고 이 글을 쓴 사람의 의견으로 알맞은 것을 골라 보세요. 읽기 전략

① ⓐ ② ⓑ ③ ⓒ

2. 다시 읽고 물음에 답해 보세요.

(1) 이 글을 쓴 목적으로 알맞은 것을 골라 보세요.

① 음식 재료의 특징을 설명하려고
② 요리하는 방법에 대해 알려 주려고
③ 여행지에서 경험한 것에 대해 소개하려고

(2) 읽은 내용으로 알맞은 것을 골라 보세요.

① 나는 태국에 도착한 후에 바로 태국 식당에 갔다.

② 나는 태국에 가기 전에 고수를 먹은 적이 있었다.

③ 나는 태국 음식의 맛과 향을 별로 좋아하지 않는다.

(3) 다음 음식과 음식에 대한 설명을 연결해 보세요.

① 똠얌꿍 •		• 쌀국수를 볶아서 만든 음식이다.
② 팟타이 •		• 김치와 비슷하게 매운맛이 난다.
③ 쏨땀 •		• 국물 음식으로 새우와 채소가 들어 있다.

3. 1을 바탕으로 음식 재료를 소개하는 글을 써 보세요.

특별한 음식 재료, 고수

음식 재료 소개

세계의 여러 곳에는 그곳만의 음식 재료가 있다. 태국, 베트남, 중국, 인도 등에서 음식을 만들 때 많이 사용되는 재료 중의 하나가 고수이다.

그 음식 재료를 먹는 방법

사람들은 보통 고수를 음식에 넣어 먹는다.

그 음식 재료의 맛과 특징

고수에는 독특한 맛과 향이 있다.

그 음식 재료에 대한 의견

고수를 안 먹어 본 사람이라면 한번 먹어 보기 바란다. 아마 태국 음식의 맛을 제대로 느낄 수 있을 것이다.

11 단원 문제 해결

어휘와 표현 ❶ 분실

p.108

1. 알맞은 것을 골라 대화를 완성해 보세요.

깜박하다	떨어뜨리다	올려놓고 나오다

(1) A 이어폰을 어떻게 하다가 잃어버렸어요?

B 지하철에서 노래를 듣다가 바닥에 떨어뜨렸는데 못 찾았어요.

(2) A 여행 중에 뭘 잃어버린 적이 있어요?

B 네. 쇼핑한 걸 카페 의자에 놓고 ____________ 안 가져온 적이 있어요.

(3) A 뭘 찾고 있어요? 뭐가 없어졌어요?

B 자동차 열쇠요. 아! 아까 은행에 들렀는데 그때 현금 인출기 위에 ____________ 것 같아요.

2. 밑줄 친 부분은 주요 어휘와 표현이에요. 관계있는 것을 연결해 대화를 완성해 보세요.

(1) "반지를 어디에 두었는지 기억 안 나요." •

(2) "가방에 볼펜을 넣었는데 안 보여요." •

(3) "휴대 전화를 잃어버렸는데 못 찾겠어요." •

• ① "다시 가방을 뒤져 보세요. 어디 있겠죠."

• ② "잘 생각해 보면 언제, 어디에서 뺐는지 기억이 떠오를 거예요."

• ③ "그럼 찾기 전까지 다른 사람이 사용하지 못하도록 분실 신고하세요."

3. 2의 밑줄 친 표현을 사용해 대화를 완성해 보세요.

엘렌 올리버 씨, 뭘 찾아요?

올리버 지갑이 없어요. 가방 안을 아무리 (1) 뒤져도 없어요.

엘렌 점심 식사 때는 지갑을 안 가지고 나갔어요? 가방에서 꺼낸 적이 없는지 잘 생각해 보세요.

올리버 식당에서 지갑에 있던 카드로 계산하고 다시 가방에 넣은 것 같은데 지갑을 둔 곳이 (2) ____________ 않아요.

엘렌 그럼 카드도 없어졌겠네요. 누가 카드를 쓰면 큰일이니까 일단 카드 회사에 (3) ____________.

어휘와 표현 ❷ 고장과 수리

p.120

1. 알맞은 것을 골라 글을 완성해 보세요.

물이 새다	작동이 안 되다	스위치가 망가지다	바퀴의 바람이 빠지다

<고장 신고> 고객님, 무슨 문제가 있으세요?

192번 윤민수	어제 냉장고 아래에 물이 있었습니다. 물을 닦았지만 닦아도 계속 물이 나왔습니다. 냉장고에서 (1) 물이 새는 ________ 것 같았습니다. 오늘 아침에는 냉장고를 여니까 냉장고 안의 전등도 켜지지 않고 음식들도 녹아 있었습니다. 지금은 냉장고가 전혀 (2) ________. 수리할 수 있을까요?
191번 김지영	전기 자전거를 안 타다가 다시 타려고 하니까 문제가 생겼습니다. 자전거가 앞으로 잘 가지 않아서 바퀴를 보니까 (3) ________ 있었습니다. 그리고 전원 스위치를 몇 번 눌러도 안 켜질 때가 있습니다. 아무래도 (4) ________ 것 같습니다. 수리를 신청합니다.

2. 밑줄 친 부분은 주요 어휘와 표현이에요. 의미로 알맞은 것을 연결해 보세요.

(1) 부품을 교체해요. •
(2) 자동차를 점검해요. •
(3) 출장 서비스를 받아요. •
(4) 서비스 센터에 맡겨요. •

• ① 자동차에 문제가 없는지 하나하나 확인해요.
• ② 물건이 고장 나서 수리 기사가 직접 집으로 고치러 와요.
• ③ 고장 난 물건을 수리하는 곳에 가져가서 직원에게 수리를 요청해요.
• ④ 고장 난 물건이 잘 작동되도록 안에 들어가는 부품을 새것으로 바꿔요.

3. 2의 밑줄 친 표현을 사용해 대화를 완성해 보세요.

(1) A 휴대 전화를 고쳤어요?
B 네. 어제 학교 근처에 있는 서비스 센터에 맡겨서 수리했어요. 이제 잘 돼요.

(2) A 혹시 자동차가 고장 난 적이 있어요?
B 아니요. 1년마다 정기적으로 ________ 지금까지 별문제가 없었어요.

(3) A 점심도 안 먹고 바로 집에 가? 무슨 일 있어?
B 우리 집 에어컨이 고장 나서 ________ 했어. 1시에 기사님이 집에 오실 거야.

(4) A 텔레비전 화면이 안 나오는데 뭐가 문제일까요?
B 그럴 때는 보통 부품에 문제가 있는 거니까 ________ 될 거예요. 한번 문의해 보세요.

문법 ❶ A-(으)ㄴ가 보다, V-나 보다

pp.109~110

1. 그림을 보고 대화를 완성해 보세요.

(1) 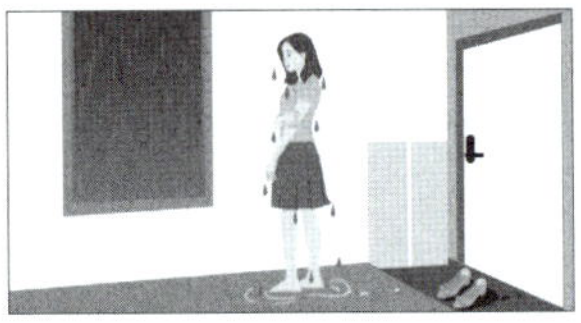

A 언니, 옷이 다 젖었네. 지금 밖에 비가 많이 오나 봐.

B 응. 갑자기 비가 쏟아져서 신발까지 다 젖었어.

(2) 

A 엘렌 씨, 왜 안 먹어요? 김치찌개가 많이 __________.

B 아니요. 맵지는 않은데 너무 뜨거워서 먹기가 힘들어요.

(3) 

A 건너편 건물 앞에 소방차가 서 있네요.

B 그러네요. 소방관들도 있고요. 저 건물에 불이 __________.

(4) 

A 조슈아는 벌써 집에 갔어요?

B 네. 수업이 끝나자마자 바로 나갔어요. 약속이 __________.

2. 밑줄 친 부분을 맞게 고쳐 보세요.

(1) 1등만 하던 엘렌도 이번 시험을 못 봤대요. 아마 이번 시험이 어려운가 봤어요.

→ 어려웠나 봐요.

(2) 상우가 지금 뭐 하냐고 하면서 같이 놀러 가재요. 상우가 지금 좀 심심하나 봐요.

→ __________.

(3) 외출하고 돌아왔는데 에어컨이 켜져 있는 걸 보니까 제가 나갈 때 에어컨을 안 껐어요.

→ __________.

(4) 좀 전에 루이즈가 응원봉을 들고 친구들과 걸어가는 걸 봤어요. 아마 오늘 콘서트에 가요.

→ __________.

문법 ❷ V-아/어 놓다

pp.111~112

1. 알맞은 것을 골라 대화를 완성해 보세요.

붓다	열다	고르다	주문하다

(1) A 아주머니, 사과 큰 거로 세 개 주세요.

B 여기에 큰 사과만 골라 놓았어요. 여기에서 가져가세요.

(2) A 빨리 식당에 가요. 점심시간이라 사람이 많을 거예요.

B 천천히 가도 돼요. 상우가 먼저 가서 ______________ 했어요.

(3) A 어! 집 안에 모기가 있네요.

B 요리할 때 부엌에 있는 창문을 ______________ 그때 거기로 들어왔나 봐요.

(4) A 라면을 맛있게 끓이려면 물을 얼마나 넣으면 돼요?

B 제가 벌써 냄비에 물을 ______________. 그러니까 그냥 물이 끓으면 라면을 넣으세요.

2. 다음을 보고 대화를 완성해 보세요.

할 일		
(1) 집안일	☑ 세탁하기	☐ 청소하기
(2) 학교 숙제	☐ 쓰기 숙제하기	☑ 발표 자료 만들기
(3) 대학교 지원 준비	☑ 추천서 받기	☐ 면접 준비하기
(4) 동생 생일 파티 준비	☐ 선물 사기	☑ 케이크 사기

(1) A 빨래했어? 세탁할 옷이 많다고 했잖아.

B 응. 어제 이미 다 옷을 세탁해 놓았어.

(2) A 도서관에 오래 있었네. 숙제 다 했어?

B 응. 목요일 수업 시간에 발표가 있어서 발표 자료를 ______________.

(3) A 다음 주까지 대학교에 지원해야 되지? 준비 잘하고 있어?

B 응. 일단 서류는 다 준비했어. 어제 고등학교 때 선생님께 추천서도 ______________.

(4) A 동생 생일 파티를 언제 해?

B 오늘 저녁에. 그래서 오후에는 파티 준비로 바쁠 것 같아서 미리 케이크를 ______________.

문법 ③ A/V-아/어야

pp.114~115

1. 다음을 보고 대화를 완성해 보세요.

(1) 

회사 직원만 식당을 이용할 수 있습니다.

A 누구나 이 식당을 이용할 수 있어요?

B 아니요. 우리 회사 직원이어야 이 식당에서 식사할 수 있어요.

(2) 

화장실을 이용하시려면 비밀번호를 누르십시오.

A 화장실이 어디에 있어요?

B 저쪽에 있어요. 그런데 비밀번호를 ________ 화장실에 들어갈 수 있어요.

(3) 

5만 원 이상 사면 한 시간 동안 무료로 주차할 수 있습니다.

A 물건을 사지 않아도 무료로 주차할 수 있어요?

B 아니요. 5만 원 이상 물건을 ________ 한 시간 무료로 주차할 수 있어요.

(4) 

오래 걸으려면 가방이 가벼운 게 좋습니다. 짐을 조금만 가져오세요.

A 등산할 때 뭘 가져가야 해요?

B 물이랑 간식요. 가방이 ________ 오래 걸을 수 있으니까 짐은 조금만 가져가세요.

2. 알맞은 것을 골라 글을 완성해 보세요.

쉬다	쓰다	바르다	들어가다

한강 공원 수영장 이용 주의 사항

(1) 수영 모자를 써야 수영장에 들어갈 수 있습니다.

(2) 햇빛이 강한 날에는 선크림을 ________ 피부가 상하지 않습니다.

(3) 한 시간마다 물 밖으로 나와서 ________ 건강을 지킬 수 있습니다.

(4) 어린이는 어른과 같이 물에 ________ 안전하게 수영할 수 있습니다.

문법 ④ A/V-(으)ㄹ 테니까 (추측)

pp.121~122

1. 알맞은 것을 골라 대화를 완성해 보세요.

닫다	막히다	힘들다	좋아하다

(1) A 토요일 저녁에 약속이 있는데 길이 막힐까요?

B 네. 길이 많이 막힐 테니까 집에서 일찍 출발하세요.

(2) A 위칭 생일 선물로 이 옷을 샀는데 좋아할까요?

B 정말 예쁘네요. 위칭이 ______________ 걱정하지 마세요.

(3) A 저 다음 주에 이사해요.

B 그래요? 혼자 짐을 다 옮기기가 ______________ 제가 도와드릴게요.

(4) A 열이 많이 나는데 지금 병원에 가면 진료를 받을 수 있을까요?

B 저녁 7시라서 병원들이 거의 문을 ______________ 저녁에도 진료하는지 먼저 알아보고 가세요.

2. 알맞은 것을 모두 골라 ○표 해 보세요.

(1) A 아침에 일기 예보를 봤는데 다음 주부터 장마가 시작된대요.

B 그럼 비가 자주 (올 텐데, 올 테니까) 매일 우산을 가지고 다니는 게 좋겠네요.

(2) A 주말에 놀이공원에 갈 때 진영이도 부를까?

B 그래. 진영이도 시험이 끝나서 (한가할 텐데, 한가할 테니까) 같이 가자고 하자.

(3) A 내일 발표에 대해서 우리 반 학생들 모두 알고 있죠?

B 마테오가 이번 주에 계속 결석해서 발표하는 걸 (모를 텐데, 모를 테니까) 어떻게 하죠?

(4) A 레아 씨, 결혼 축하해요.

B 요즘 일이 많아서 (바쁠 텐데, 바쁠 테니까) 결혼식을 축하하러 와 줘서 정말 고마워요.

(5) A 올리버 씨, 제가 먹을 걸 좀 사 왔어요. 식으면 (맛없을 텐데, 맛없을 테니까) 지금 드세요.

B 고마워요. 바로 먹을게요.

p.122

1. 관계있는 것을 연결하고 대화를 완성해 보세요.

(1) 식탁을 닦다	① 상을 차려 주다
(2) 놀이 기구를 같이 타다	② 무서워하지 말다
(3) 지갑을 찾으면 연락드리다	③ 집중해서 들어 보다
(4) 문제에 대해서 다시 한번 설명하다	④ 여기에 이름과 연락처를 적어 주다

(1) A 밥이 다 됐어요.
B 그럼 제가 식탁을 닦을 테니까 상을 차려 주세요.

(2) A 아빠, 이 놀이 기구 타고 싶은데 좀 무서워요.
B 그럼 아빠가 놀이 기구를 같이 __________.

(3) A 지갑을 잃어버렸는데 어떻게 하지요?
B 지갑을 찾으면 __________.

(4) A 선생님, 이 문제가 아직 잘 이해가 안 돼요.
B 문제에 대해서 다시 한번 __________.

2. 의미가 같은 문장으로 바꿔 보세요.

(1) 제가 밥을 살게요. 진차오 씨는 커피를 사 주세요.
→ 제가 밥을 살 테니까 진차오 씨는 커피를 사 주세요.

(2) 제가 그 일을 맡을게요. 진영 씨는 저를 좀 도와주세요.
→ 제가 그 일을 __________.

(3) 제가 다른 물건으로 교환해 드릴게요. 영수증을 보여 주세요.
→ 제가 다른 물건으로 __________.

(4) 제가 손님이 찾으시는 검은색 가방을 찾아올게요. 잠깐만 기다리세요.
→ 제가 손님이 찾으시는 검은색 가방을 __________.

듣고 쓰기

1. 위칭과 조슈아의 대화예요. 듣고 물음에 답해 보세요.

9

(1) 들은 내용으로 맞는 것을 골라 보세요.

① 위칭은 교실에서 장갑을 잃어버렸어요.

② 위칭은 추워서 장갑을 끼고 수업을 들었어요.

③ 조슈아는 위칭에게 휴게실부터 가 보라고 했어요.

(2) 다시 듣고 휴게실에서 장갑을 본 안나가 위칭에게 보내는 메시지를 써 보세요.

안나

위칭, 이 장갑 네 거 맞지? 수업 시작할 때 네가 책상 위에 ① ____________ 걸 봤어. 그런데 이 장갑이 휴게실에 있는 거야. 그래서 너한테 직접 전해 주려고 챙겼어. 네가 '장갑을 휴게실에 ② ____________.'라고 생각할 것 같아서 미리 연락해. 지금 어디에 있어? 장갑 전해 줄게!

2. 진영과 상우의 대화예요. 듣고 물음에 답해 보세요.

10

(1) 진영이 서비스 센터에 전화해서 물어볼 내용으로 알맞은 것을 골라 보세요.

① "게임기를 언제까지 무료로 수리받을 수 있어요?"

② "게임기가 충전이 안 되는데 수리받을 수 있어요?"

③ "게임기를 떨어뜨렸는데 다른 거로 교환할 수 있어요?"

(2) 다시 듣고 들은 내용을 써 보세요.

진영은 게임기에 문제가 있어서 같은 게임기를 가지고 있는 상우에게 뭐가 문제인지 물어봤다. 진영이 어제 게임을 하고 나서 게임기를 ① ____________ 오늘 켜 보니까 충전이 안 되어 있었다. 어제 게임을 하다가 게임기를 몇 번 떨어뜨렸는데 진영은 그때 ② '____________.'라고 생각했다. 상우가 게임기를 살 때 들었는데 이 게임기는 떨어뜨리면 안에 부품이 쉽게 고장이 난다고 했다. 그래서 게임 할 때 떨어뜨리지 않게 ③ ____________ 고장 없이 오래 사용할 수 있다고 했다. 대화 후에 진영은 서비스 센터에 전화할 것이다.

말하기

1. 다음을 읽고 ⓐ, ⓑ에 들어갈 말로 알맞은 것을 골라 보세요.

엘렌　안나, 새로 나온 이어폰 '이버즈'를 써 보니까 어때?
안나　사용한 지 일주일 됐는데 정말 좋아.
엘렌　그래? 어떤 기능이 개선됐어?
안나　주변 소음의 크기 조절이 쉬워졌어. 소음 조절 기능을 ___ⓐ___ 소음 크기를 자동으로 조절해 줘.
엘렌　정말 편하겠다. 사용할 때 또 다른 장점이 있어?
안나　소리 품질이 좋아졌어. 이어폰은 무엇보다 ___ⓑ___ 음악 듣는 맛이 나잖아. 그래서 그 점이 정말 좋아.

① ⓐ 꺼 놓으면　　ⓑ 잘 들려야
② ⓐ 켜 놓으면　　ⓑ 소리 품질이 좋아야
③ ⓐ 한 번만 조절해 놓으면　　ⓑ 가지고 다니기 편해야

2. 다음 물음에 답해 보세요.

(1) 휴대 전화의 고장 상태를 설명하는 말로 알맞은 것을 골라 보세요.　말하기 기능

A　휴대 전화 수리 신청하셨죠? 뭐가 안 되세요?
B　휴대 전화를 켰는데 ______________________.

① 화면도 나오고 옆의 버튼도 잘 눌러지는데요　② 화면이 나오지 않고 옆의 버튼도 눌러지지 않아요　③ 화면은 안 나오지만 옆의 버튼을 누르는 데 문제가 없어요

(2) 앞으로의 휴대 전화 고장 가능성을 추측해서 조언하는 말로 알맞은 것을 골라 보세요.　말하기 기능

A　______________________ 앱으로 휴대 전화 상태를 자주 점검하세요.
B　아, 그렇군요. 알겠습니다. 친절하게 알려 주셔서 감사합니다.

① 자료를 많이 저장해 놓으면 또 고장이 날 수도 있으니까　② 자료를 많이 저장해 놓은 게 고장의 원인이었을 텐데　③ 지금 고장이 나서 저장해 놓은 자료를 정리할 수 없을 테니까

(3) 세탁기의 고장 상태에 대해 말하고 고장의 가능성을 추측해서 조언하는 대화를 완성해 보세요. 그리고 말해 보세요.

출장 기사에게 큰 소리가 나고 작동이 안 되는 세탁기의 고장 상태를 말하고 수리 방법을 물어보세요. 수리 후 세탁기 관리법을 알려 주는 출장 기사에게 감사 인사하세요.

루이즈에게 세탁기의 고장 상태를 듣고 세탁기 수리 방법을 말하세요. 세탁기를 수리한 후에 관리를 안 할 경우 생길 고장 가능성을 추측해 자주 청소하라고 조언하세요.

1 **고장 상태 묻기**

세탁기 수리 신청하다
어떤 문제 | 있다

루이즈 안녕하세요? 어서 오세요.

기사 네. 안녕하세요? ① ______________________________?

______________________________?

2 **고장 상태에 대해 말하기**

세탁기 | 켜다 + 소리 |
크게 나다 + 작동 | 되다 ×

루이즈 ② ______________________________

______________________________.

기사 그러셨군요. 제가 한번 확인해 보겠습니다. (확인 후) 부품이 오래돼서 깨졌어요. 그래서 작동이 안 된 거예요.

3 **수리 방법에 대해 설명하기**

일단 깨진 부품 | 교체하다
세탁기 안 | 더럽다 +
청소하다 + 괜찮아지다

루이즈 그럼 어떻게 해야 되죠?

기사 ③ ______________________________.

____

______________________________.

부품을 교체하고 청소도 해 드릴게요.

4 **고장 가능성 추측해서 조언하기**

세탁기 안 | 더러워지다 +
또 고장 나다 + 한 달에
한 번 청소하다

(잠시 후)

루이즈 다 됐나요? 세탁기를 사용 못 해서 정말 불편했어요.

기사 힘드셨겠네요. 수리가 끝났습니다. 확인해 보세요. 그리고

____

______________________________.

루이즈 알겠습니다. 친절하게 알려 주셔서 감사합니다.

읽고 쓰기

1. 다음을 읽고 물음에 답해 보세요.

8월 14일 금요일 ☼

어제 학교에서 노트북으로 숙제를 하는 중에 노트북이 갑자기 꺼졌다. 충전하면 다시 켜질 것 같아서 충전시켰다. 그렇지만 충전도, 작동도 되지 않았다. 노트북은 내가 매일 학교에 들고 다니는 필수품이다. 노트북이 있어야 숙제도 하고 발표 준비도 하는데 큰일이었다. 그래서 오늘 수업이 끝나자마자 학교 근처에 있는 서비스 센터를 찾아갔다. 서비스 센터를 찾는 건 어렵지 않았지만 노트북이 아예 꺼졌기 때문에 노트북을 수리할 수 없을 것 같아서 걱정됐다.

그런데 서비스 센터의 담당 기사님이 정말 친절했다. 그분은 먼저 노트북을 살펴보고 나서 부품을 교체하면 노트북이 제대로 될 테니까 걱정하지 말라고 말씀해 주셨다. 그리고 노트북이 고장 난 원인에 대해서도 잘 설명해 주시고 노트북도 깨끗하게 닦아 주셨다. 무엇보다도 전자 제품을 고치러 오는 사람이 많아서 힘이 드실 텐데 웃는 얼굴로 친절하게 대해 주신 것에 감사한 마음이 들었다. 친절한 기사님 덕분에 기분 좋게 노트북을 고칠 수 있었다.

(1) 글을 읽고 내용을 아직 확실하게 이해하지 못한 사람을 골라 보세요. 읽기 전략

① 다샤: "이 사람은 기사님을 만나기 전에 노트북을 수리 못 할 것 같아서 걱정했어."

② 유나: "기사님은 이 사람의 노트북을 보고 노트북 고장 원인에 대해서 잘 설명해 줬어."

③ 쇼타: "이 사람이 특히 기사님에게 고마워하는 건 노트북을 깨끗하게 닦아 줬기 때문이야."

2. 다시 읽고 물음에 답해 보세요.

(1) 이 글을 쓴 사람에 대한 설명으로 알맞은 것을 골라 보세요.

① 노트북을 고치는 데 시간이 많이 걸릴 것 같아서 불안했다.

② 서비스 센터에서 친절한 기사님이 수리해 주셔서 만족스러웠다.

③ 노트북 수리를 맡겼는데 다른 사람보다 먼저 수리해 줘서 기뻤다.

(2) 기사의 말과 행동으로 맞지 않는 것을 골라 보세요.

①

②

③

(3) 읽은 내용으로 알맞은 것을 골라 보세요.

① 노트북이 갑자기 꺼졌는데 다시 켜졌지만 충전이 되지 않았다.

② 기사님은 부품을 교체하고 노트북이 고장 난 이유를 알려 주었다.

③ 학교에 가기 전에 노트북을 수리하러 학교 근처 서비스 센터에 갔다.

3. 1을 바탕으로 도움을 준 사람을 칭찬하는 글을 써 보세요.

친절한 기사님을 칭찬합니다

칭찬하고 싶은 사람 소개

제가 칭찬하려는 분은 오늘 제 노트북을 수리해 주신 이화여자대학교 근처 서비스 센터의 김영희 기사님입니다.

도움을 요청하게 된 상황

제가 매일 가지고 다니던 노트북이 어제 고장 났습니다. 그래서 오늘 수업 후에 학교 근처의 서비스 센터를 찾아갔습니다. 서비스 센터에 가기 전에는 노트북이 아예 꺼져서 수리할 수 없을 것 같아 걱정됐습니다.

그 사람에게서 받은 구체적인 도움

특별히 그 사람을 칭찬하는 이유

기사님을 칭찬해 드리고 싶은 이유는 계속 웃는 얼굴로 친절하게 저를 도와주셨기 때문입니다.

친절한 기사님께 다시 한번 감사드립니다.

12 단원 나의 진로

어휘와 표현 ❶ 진로 결정

p.130

1. 밑줄 친 부분은 주요 어휘와 표현이에요. 의미로 알맞은 것을 연결해 보세요.

(1) 보수가 높아요. • ------ • ① 직장에서 받는 월급이 많아요.

(2) 전공을 살려요. • • ② 앞으로 발전될 가능성이 커요.

(3) 전망이 좋아요. • • ③ 대학을 졸업하고 나서 전공과 관련된 일을 해요.

2. 1의 밑줄 친 표현을 사용해 대화를 완성해 보세요.

A 어떻게 이 일을 선택하게 되셨습니까?

(1) B 앞으로 성장할 가능성이 높고 전망이 좋아서 선택했습니다.

(2) B 저는 회사를 선택할 때 월급도 중요하게 생각해요. 그래서 다른 직업보다 __________ 이 회사를 선택했습니다.

(3) B 제가 대학교에서 열심히 공부한 시간이 아깝지 않게 __________ 수 있어서 선택했습니다.

3. 알맞은 것을 골라 대화를 완성해 보세요.

적성에 맞다	재능이 있다	미래가 보장되다

(1) A 진차오 씨는 앞으로 어떤 일을 하고 싶어요?

B 65세까지 직장을 걱정 없이 다닐 수 있도록 안정되고 미래가 보장된 일을 하고 싶어요.

(2) A 엘렌 씨, 액세서리 만드는 건 재미있어요?

B 네. 재미있어요. 제 __________ 것 같아요. 저는 어렸을 때부터 혼자서 조용히 뭔가를 만드는 걸 좋아했거든요.

(3) A 올리버 씨, 기타를 쳐 보는 게 오늘이 처음이라고 했죠? 잘 치는데요? 기타에 __________ 것 같은데 계속 배워 보는 건 어때요?

B 그래요? 한번 생각해 볼게요.

어휘와 표현 ❷ 미래에 이루고 싶은 꿈

p.142

1. 알맞은 것을 골라 대화를 완성해 보세요.

실력을 인정받다	작가로 성공하다	학자의 길을 걷다	새로운 기술을 개발하다

왜 김승우 교수를 존경해요?

보수가 높은 자리를 모두 거절하시고 대학에 남아 (1) 학자의 길을 걸으면서 환경을 보호하는 방법을 찾기 위해 노력하신 분이니까요. 그리고 이전까지는 없던 쓰레기를 재활용할 수 있는 (2) ______________ 환경에 긍정적인 영향을 주셨거든요.

올해의 작가상을 받은 소감이 어떻습니까?

이 상으로 작가로서의 (3) ______________ 것 같아서 기쁩니다. 앞으로 더 좋은 작품을 써서 세계적인 (4) ______________ 싶습니다.

2. 밑줄 친 부분은 주요 어휘와 표현이에요. 관계있는 것을 골라 문장을 완성해 보세요.

(1) 회사를 좀 더 크게 키우기 위해	①	① 사업을 확장할 거예요.
(2) 이번 회의에서 회사 대표로 뽑히면서 회사에서	____	② 최고의 자리에 올랐어요.
(3) 부모님 밑에서 가게를 운영하는 법을 배운 후에	____	③ 나누는 삶을 살려고 해요.
(4) 앞으로 봉사에 참여하면서 그동안 받은 사랑을	____	④ 부모님 가게를 이어서 할 거예요.

3. 2의 밑줄 친 표현을 사용해서 대화를 완성해 보세요.

쇼타 마테오 씨는 10년 후에 무슨 일을 하고 있을 거 같아요?

마테오 식당을 하고 있을 거 같아요. 그리고 그 식당을 키워서 여러 지역으로 (1) 사업을 확장할 거예요. 그 후에는 제가 번 돈으로 어려운 사람들을 도우면서 (2) ______________ 싶어요. 쇼타 씨는요?

쇼타 저는 제 부모님이 일본에서 전통 과자 가게를 하고 계시는데 5년 후에 제가 맡아서 (3) ______________ 해요. 그리고 열심히 노력해서 일본에서 전통 과자를 제일 잘 만드는 사람이 되고 싶어요. 일본 과자로 (4) ______________ 거예요.

문법 ❶ V-아/어야겠-

pp.131~132

1. 그림을 보고 대화를 완성해 보세요.

(1)

A 교실이 좀 더운 거 같지 않아요?

B 그러게요. 창문을 좀 열어야겠어요.

(2)

A 집에 먹을 게 하나도 없네요.

B 그러게요. 마트에 들러서 장을 좀 ______________________.

(3)

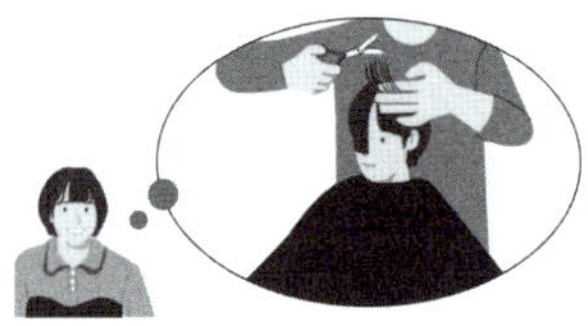

A 앞머리가 많이 길었네요?

B 앞머리가 기니까 너무 불편해요. 미용실에 가서 좀 ______________________.

(4)

A 어제 산 바지는 마음에 들어요?

B 아니요. 집에서 다시 입어 보니까 너무 짧은 것 같아서 한 사이즈 큰 걸로 ______________________.

2. 알맞은 것을 골라 대화를 완성해 보세요.

눕다	입다	팔다	조심하다

(1) A 이 사거리에서 교통사고가 많이 났대요.

B 그래요? 저도 길을 건널 때 조심해야겠네요.

(2) A 너무 힘들어 보이는데 일할 수 있겠어?

B 너무 힘들어서 소파에 10분만 좀 ______________________. 잠깐만 쉬었다가 할게.

(3) A 바람이 많이 부네요. 밤에는 쌀쌀할 것 같아요.

B 그러게요. 저녁에 약속이 있는데 나갈 때 옷을 따뜻하게 ______________________.

(4) A 집에 물건이 왜 이렇게 많아요?

B 필요할 것 같아서 샀는데 사다 보니까 이렇게 됐어요. 안 쓰는 물건은 중고로 ______________________.

문법 ❷ V-(으)려다가

pp.133~134

1. 그림을 보고 대화를 완성해 보세요.

(1) 

치마를 입으려다가 ____________ 불편할 것 같아서 그냥 바지를 입었다.

(2) 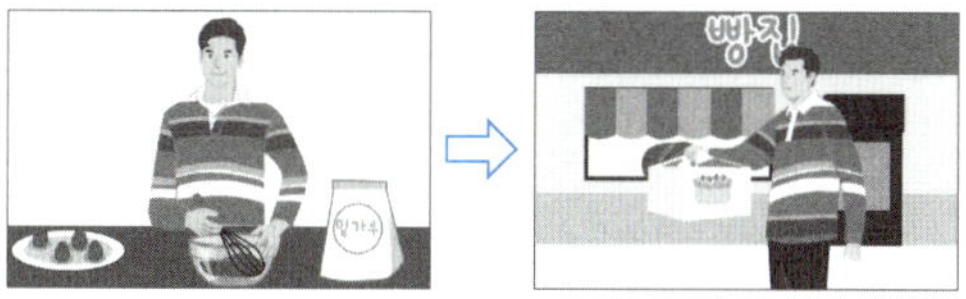

케이크를 ____________ 시간이 없어서 그냥 빵집에서 사 왔다.

(3) 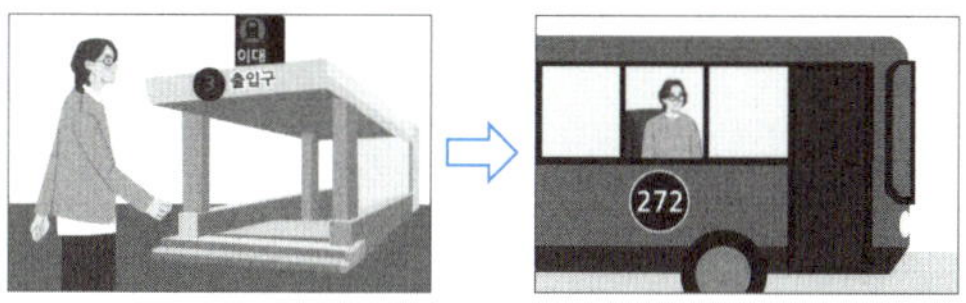

지하철을 ____________ 여러 번 갈아타야 할 것 같아서 버스를 탔다.

(4) 

자유여행을 ____________ 그 나라 말을 못 해서 패키지 여행을 다녀왔다.

2. 알맞은 것을 골라 대화를 완성해 보세요.

듣다	먹다	담그다	전공하다

(1) A 어제 내가 추천한 노래 들어 봤어?
B 아직 못들었어. 어제 자기 전에 들으려다가 ____________ 너무 피곤해서 잤어.

(2) A 냉면을 먹을 거라고 하지 않았어?
B 그랬는데 갑자기 따뜻한 국물이 생각나서 냉면을 ____________ 갈비탕을 시켰어.

(3) A 이번 주말에 특별한 계획이 있어요?
B 지난 주말에 김치를 ____________ 너무 바빠서 못 했거든요. 이번 주말에는 꼭 하려고요.

(4) A 왜 경영학을 선택했어요?
B 사실 경제학을 ____________ 경제학보다 경영학을 전공하면 취직이 잘된다고 해서 경영학을 선택하게 됐어요.

문법 ❸ A/V-(으)ㄴ/는/(으)ㄹ 만큼

pp.136~137

1. 알맞은 것을 골라 ○표 해 보세요.

(1) A 그 뮤지컬 배우 노래 실력이 어때?

B 공연 때 관객 모두가 박수를 (치는 만큼, 칠 만큼) 잘해.

(2) A 오늘 네 룸메이트한테 밤에 조용히 해 달라고 말할 거야?

B 응. 지금까지 (참은 만큼, 참을 만큼) 참았어. 더 이상은 못 참아.

(3) A 여행 오기 전에 미리 여행 안내책을 읽고 오기를 잘한 거 같아요.

B 그러게요. (아는 만큼, 알 만큼) 보이는 것도 많은 것 같네요.

(4) A 청소기 하나가 왜 이렇게 비싼 거예요? 꼭 이걸 사야겠어요?

B 가격이 (비싼 만큼, 비쌀 만큼) 품질도 좋잖아요. 고장 나면 수리도 무료로 해 주고요.

(5) A 이번에 팬들을 위한 선물을 많이 준비하셨던데요.

B 네. 저는 지금까지 팬들에게서 사랑을 많이 받았어요. 그동안 많은 사랑을 (받은 만큼, 받을 만큼) 이제는 돌려드리려고 해요.

2. 대화를 완성해 보세요.

(1) A 오늘 날씨 어때요? 어제랑 비슷해요?

B 네. 어제만큼 더워요. 요즘 너무 더운 거 같아요.

(2) A 이 사진 너무 잘 나왔네요! 전문가가 찍어 줬어요?

B 아니요. 제 친구가 찍어 준 건데 ______________ 잘 찍죠?

(3) A 인천에서 살죠? 인천도 서울처럼 교통이 복잡해요?

B 아니요. 인천은 ______________ 그렇게 복잡하지 않아요.

(4) A 우리 지금 배가 많이 고프니까 음식을 좀 여유 있게 시킬까?

B 아니야. 음식이 남아서 버릴 수 있으니까 음식을 ______________ 주문하자.

(5) A 왜 이렇게 자주 늦어? 네 시간이 ______________ 다른 사람의 시간도 중요하게 생각했으면 좋겠어.

B 미안해. 다음부터는 늦지 않도록 조심할게.

문법 ❹ V-아/어 가다

pp.143~144

1. 알맞은 것을 골라 대화를 완성해 보세요.

쌓다	오다	만들다	적응하다

(1) A 한국 생활은 어때요? 좀 익숙해졌어요?

B 처음 왔을 때보다 나아요. 조금씩 ___적응해 가고___ 있어요.

(2) A 여보세요. 위칭 씨, 지금 어디예요? 식당으로 오고 있죠?

B 거의 다 ______________. 3분 후면 도착해요.

(3) A 올리버 씨, 발표 자료는 언제쯤 완성돼요?

B 잠시만요. 다 ______________. 5분 정도 후면 보내 드릴 수 있어요.

(4) A 안나 씨는 6급을 마친 후에도 한국어를 계속 공부할 거예요?

B 네. 뛰어난 번역가가 될 때까지 계속 한국어 실력을 ______________.

2. 의미가 같은 문장으로 바꿔 보세요.

(1) A 버스를 기다린 지 오래됐어요?

B 네. 기다린 지 28분이 됐는데 아직도 안 오네요.

→ 기다린 지 ___30분이 다 돼 가는데___ 아직도 안 오네요.

(2) A 휴대 전화를 사용한 지 얼마나 됐어요?

B 대학 졸업 후에 샀으니까 4년 10개월 정도 됐네요.

→ 대학 졸업 후에 샀으니까 ______________.

(3) A 편지는 다 썼어요?

B 이제 마무리만 하면 돼요. 마지막 인사말만 쓰면 돼요.

→ 이제 마무리만 하면 돼요. ______________.

(4) A 이 드라마는 언제 끝난대요?

B 다음 주가 마지막 방송이래요. 이 드라마도 다음 주면 끝나요.

→ 다음 주가 마지막 방송이래요. 이 드라마도 ______________.

더 알아보기 V-아/어 오다

p.146

1. 알맞은 것을 골라 대화를 완성해 보세요.

돕다	모으다	연습하다	운영하다

(1) A 쇼타 씨 부모님께서는 가게를 하신 지 오래되셨어요?

B 네. 30년 전부터 가게를 운영해 오셨어요.

(2) A 블루진스가 어려운 이웃을 도와주고 있대요.

B 맞아요. 3년 전부터 어려운 사람들을 ____________.

(3) A 루이즈 씨, 댄스 대회 준비는 잘되고 있어요?

B 그럼요. 한 달 전부터 매일 두 시간씩 꾸준히 ____________.

(4) A 다샤 씨, 방에 앨범이 정말 많네요.

B 네. 고등학생 때부터 좋아하는 가수들의 앨범을 하나씩 ____________.

2. 알맞은 것을 골라 ◯표 해 보세요.

(1) A 벌써 졸업이라니 시간이 너무 빠른 거 같아.

B 그동안 함께 (지내 간, 지내 온) 친구들과 헤어질 생각을 하니까 슬퍼.

(2) A 할머니께서 편찮으시다고 했죠? 좀 어떠세요?

B 지난 주말부터 식사도 잘하시고 조금씩 (회복돼 가고, 회복돼 오고) 계세요.

(3) A 마테오 씨, 숙제는 다 했어요? 이제 곧 나가야 하는데 언제 끝나요?

B 기다리게 해서 미안해요. 거의 다 (해 가요, 해 와요). 조금만 기다려 주세요.

(4) A 내일 면접에서 실수할 것 같아서 정말 걱정이야.

B 너무 걱정하지 마. 내가 지금까지 (봐 간, 봐 온) 것처럼 너는 분명히 준비한 것보다 더 잘할 거야.

(5) A 눈이 왜 이렇게 빨개? 무슨 일이 있었어?

B 요즘 힘든 일이 많았는데 좀 전에 엄마랑 통화했거든. 엄마 목소리를 들으니까 그동안 (참아 간, 참아 온) 눈물이 쏟아졌어.

듣고 쓰기

1. 상우와 안나의 대화예요. 듣고 물음에 답해 보세요.

11

(1) 들은 내용으로 알맞은 것을 골라 보세요.

① 구직 사이트에 가입하면 지원서를 작성하는 것을 도와줘요.

② 인터넷을 검색하면 취업에 대한 고민을 나누는 곳을 찾을 수 있어요.

③ 구직 사이트에 질문을 올리면 관련된 일을 하는 사람을 직접 만날 수 있어요.

(2) 다시 듣고 안나가 취업 게시판에 올리는 고민의 글을 써 보세요.

취업 게시판

안녕하세요? 저는 독일에서 온 20대 여학생이에요. 사실 한국에서 한국어를 공부한 후에 ① ________________________ 얼마 전에 마음을 바꿔서 한국에 남기로 했어요. 독일에서 역사학을 전공했기 때문에 전공을 살려서 ② ________________________ 다른 일에 관심이 생겼어요. 바로 '영상 번역가'라는 직업이에요. 그런데 이쪽 일은 어떤지, 보수는 어느 정도인지 몰라서 고민이에요.

2. 쇼타와 엘렌의 대화예요. 듣고 물음에 답해 보세요.

12

(1) 두 사람이 들은 마테오에 대한 소식으로 알맞은 것을 골라 보세요.

① 지난주에 식당을 새로 열었어요.

② 시험을 잘 봐서 장학금을 받았어요.

③ 이번 달에 화제의 요리사로 뽑혔어요.

(2) 다시 듣고 들은 내용을 써 보세요.

쇼타와 엘렌은 항상 열심히 사는 마테오를 보면서 자신들도 열심히 살아야겠다는 생각을 했다. 엘렌은 너무 피곤할 때 ① ________________________ 그냥 잔 적도 많았기 때문이다. 쇼타는 한국어 공부가 끝난 후에 ② ________________________ 마테오를 보고 지난달부터 요리 학원에 다니기 시작했다. 엘렌은 쇼타가 ③ ________________________ 좋은 결과가 있을 거라고 생각한다.

말하기

1. 다음을 읽고 ⓐ, ⓑ에 들어갈 말로 알맞은 것을 골라 보세요.

진영 조슈아 씨가 닮고 싶은 사람은 누구예요?

조슈아 전 미국 대통령 버락 오바마(Barack Obama)를 닮고 싶어요. 저뿐만 아니라 미국의 젊은 사람들이 존경하는 사람으로 버락 오바마를 ____ⓐ____ 인기가 많아요.

진영 왜 버락 오바마가 존경을 받아요?

조슈아 미국의 건강과 환경 문제를 ____ⓑ____ 생각으로 노력을 많이 하셨거든요.

진영 버락 오바마의 어떤 점을 닮고 싶어요?

조슈아 이분처럼 현대 사회 문제에 관심을 갖고 사회에 좋은 영향력을 끼치는 사람이 되어야겠다고 생각했어요.

① ⓐ 이야기할 만큼 ⓑ 없애야겠다는

② ⓐ 손에 꼽을 만큼 ⓑ 만들어야겠다는

③ ⓐ 뽑지 않을 만큼 ⓑ 해결해야겠다는

2. 다음 물음에 답해 보세요.

(1) 구체적인 계획을 표현하는 말로 알맞은 것을 골라 보세요. 말하기 기능

A 구체적인 계획이 있어요?

B ________________________________.

① 내년쯤 기회가 있으면 대기업에 한번 지원해 볼까 해요.

② 집에서 거리도 가깝고 근무 환경도 좋은 회사에서 일해 본 적이 있어요.

③ 전공을 살려서 인턴사원으로 일하다가 보수가 높은 회사에 지원해 볼 생각이에요.

(2) 상대방을 격려하는 말로 알맞은 것을 골라 보세요. 말하기 기능

A ________________________________.

B 고마워요. 그 말을 들으니까 조금 안심이 되네요.

① 열심히 노력하면 결과도 좋을 거예요

② 열심히 연습해도 결과가 안 좋은 건 어쩔 수 없어요

③ 열심히 노력하는데 결과가 왜 이렇게 안 좋은지 모르겠어요

(3) 구체적인 계획을 이야기하고 친구의 계획에 대해 격려하는 대화를 완성해 보세요. 그리고 말해 보세요.

루이즈에게 한국어 공부가 끝난 후의 계획을 물어보세요. 루이즈의 이야기를 듣고 구체적인 계획도 물어보세요. 그리고 그 계획을 이룰 수 있는 방법을 제안하고 격려하세요.

앞으로 가수가 되고 싶어요. 계획을 묻는 위칭에게 계획한 일을 말하세요. 그리고 구체적인 계획을 말하세요. 위칭이 제안한 방법에 동의하고 격려에 감사 인사를 하세요.

1

계획 답하기

어렸을 때 | 가수의 꿈 | 키우다 + 이제 그 일 | 제대로 도전하다

위칭 루이즈 씨는 한국어 공부가 끝나면 뭐 할 거예요?

루이즈 저는 가수가 되고 싶어요. ① ______________________.

2

구체적인 계획 말하기

먼저 학원 | 다니다 + 노래 연습 | 많이 하다
그리고 작은 오디션 | 하나씩 | **도전하다**

위칭 그래요? 구체적인 계획이 있어요?

루이즈 ② ______________________.
______________________.
아직 많이 부족하지만 열심히 해 보려고 해요.

3

동의하고 의견 말하기

사실 오디션 | 나가 보다 × + 걱정이 되다
노래 실력 | 좋아지다 + 위칭 씨 말 | 인터넷 | 영상 | 올려 보다

위칭 루이즈 씨는 춤도 잘 추니까 인터넷에 춤을 추면서 노래하는 영상을 올려 봐도 좋겠어요. 요즘 인터넷에 자신의 춤, 노래 영상을 올리는 사람이 많던데요.

루이즈 좋은 생각이네요. ③ ______________________
______________________.
______________________.

4

격려하기

루이즈 씨 | 열심히 **애쓰다** | 좋은 결과 | 있다

위칭 ④ ______________________.

루이즈 고마워요. 위칭 씨 말을 들으니까 용기가 생기네요.

읽고 쓰기

1. 다음을 읽고 물음에 답해 보세요.

게임 왕 김요한 님께

안녕하세요? 저는 대학교 4학년 김유나예요. 얼마 전에 김요한 님 덕분에 게임 회사에 취직하게 돼서 기쁜 마음으로 편지를 보내요. 저는 사실 어릴 때부터 게임을 좋아해서 김요한 님처럼 게임을 직업으로 하는 사람이 되고 싶었지만 부모님의 반대가 심했어요. 그래서 ⓐ 꿈을 접게 됐어요.

그러던 어느 날 우연히 김요한 님의 인터뷰를 보게 됐어요. 저처럼 취미로 게임을 하다가 게임 실력으로 전 세계에 ⓑ 이름을 알리고 최고의 자리에 오른 모습이 정말 멋있었어요. 인터뷰 중에서 좋은 게임을 개발해 주신 분들 덕분에 게임을 더 재미있게 할 수 있었다고 말한 부분이 인상적이었어요. 그때 처음 게임을 개발하는 일을 하고 싶다는 생각을 하게 됐고 유명한 게임 회사에 들어가기로 ⓒ 마음을 먹었어요.

그래서 게임과 관련된 컴퓨터공학과에 들어가기 위해 열심히 공부해서 대학에 진학했어요. 저는 제가 이렇게 게임에 많은 시간을 쏟은 만큼 다른 사람보다 게임에 대해 더 잘 안다고 생각했어요. 그래서 대학 생활 동안 게임 회사에 들어가서 전 세계 사람들이 즐길 수 있는 게임을 만드는 것을 목표로 학교생활에 최선을 다했어요.

며칠 전 드디어 제가 원하던 회사로부터 합격 소식을 받았어요. 무엇보다 들어가고 싶은 게임 회사에 취직하게 돼서 기뻐요. 앞으로 김요한 님처럼 저도 제가 잘할 수 있는 일로 회사에서 실력을 인정받아 최고가 될 거예요. 고마워요!

팬 유나 드림

(1) ⓐ, ⓑ, ⓒ를 읽고 의미로 알맞은 것을 연결해 보세요. 읽기 전략

(1) ⓐ 꿈을 접다 •		• 결심하다
(2) ⓑ 이름을 알리다 •		• 유명해지다
(3) ⓒ 마음을 먹다 •		• 꿈을 포기하다

2. 다시 읽고 물음에 답해 보세요.

(1) 이 글에 대한 설명으로 알맞은 것을 골라 보세요.

① '나'와 김요한은 평소에 알고 지내던 사이다.

② '나'는 김요한의 도움으로 부모님을 설득했다.

③ '나'는 김요한을 보고 새로운 꿈을 갖게 됐다.

(2) '김요한'에 대한 설명으로 알맞은 것을 골라 보세요.

① 게임 실력으로 최고가 된 사람이다.

② 게임을 개발하려다가 게임을 하는 사람이 됐다.

③ 게임을 좀 더 재미있게 하려고 노력하면서 산다.

(3) 유나가 꿈을 이루기 위해 한 일로 알맞은 것을 골라 보세요.

① 게임 회사에 들어가기 위해 전공을 바꿨다.

② 게임 회사에 들어가려고 학교생활에 최선을 다했다.

③ 게임 회사에서 자신이 만든 게임으로 실력을 인정받았다.

3. 1을 바탕으로 고등학생인 유나가 미래 계획을 세우는 글을 써 보세요.

나의 꿈, 나의 계획

나의 꿈

나는 어릴 때부터 게임을 좋아해서 게임을 직업으로 하는 사람이 되고 싶었다. 그렇지만 부모님의 반대가 심해서 꿈을 접었었다. 그런데 최근에 새로운 꿈이 생겼다. 바로 게임 회사에 들어가서 게임을 개발하는 사람이 되는 것이다.

꿈을 갖게 된 계기

그 꿈을 갖게 된 것은 얼마 전 우연히 세계에서 게임으로 유명한 김요한의 인터뷰를 보고 나서부터다. 김요한은 나처럼 취미로 게임을 하다가 게임 실력으로 이름을 알리면서 세계 최고의 자리에 오른 사람이다.

꿈을 이루기 위한 계획

그래서 게임과 관련된 컴퓨터공학과에 들어가기 위해 열심히 공부해서 대학에 진학하려고 한다.

앞으로의 다짐

앞으로의 시간을 소중히 보내고 대학 졸업 후에 전공을 살려서 들어가고 싶은 게임 회사에 지원할 것이다. 나도 김요한처럼 내가 잘하는 일로 실력을 인정받아 최고가 될 것이다.

부록

문법 설명

듣기 지문 및 정답

문법 설명

7 단원 운동 경기와 공연

1. A/V-냐고 하다

의미

▶ **형용사, 동사, '이다'와 함께 쓰여 다른 사람의 질문 내용을 인용하거나 전달할 때 사용돼요.**

예
- A 아까 사장님이 뭐라고 하셨어요?
  B 퇴근 후에 바쁘**냐고 하셨어요**.
- A 위칭과 무슨 얘기했어요?
  B 위칭이 매운 걸 못 먹**냐고 해서** 먹을 수 있다고 알려줬어요.
- A 다샤가 아까 뭐라고 했어요?
  B 저한테 어디에서 사**냐고 물어봤어요**.
- A 한국 사람들은 처음 만난 사람에게 왜 나이를 물어봐요?
  B 몇 살이**냐고 묻는** 이유는 나이가 많은 사람에게 높임말을 써야 하기 때문이에요.

유의

◆ **동사는 '-(으)ㄹ 거냐고 하다'로 사용할 수 있지만 형용사는 '-(으)ㄹ 거냐고 하다'로 사용할 수 없어요.**

예
- 쇼타가 저에게 언제 고향으로 돌아갈 거냐고 했어요. (○)
- 엘렌이 저에게 내일 날씨가 추울 거냐고 했어요. (×)
  엘렌이 저에게 내일 날씨가 춥냐고 했어요. (○)

◆ **형용사는 '-(으)냐고 하다', 동사는 '-느냐고 하다'로도 사용돼요.**

예
- 선생님이 저에게 한국의 어떤 점이 좋으냐고 했어요.
- 저는 진차오에게 보통 점심에 뭘 먹느냐고 물어봤어요.

2. V-자고 하다

의미

▶ **동사와 함께 쓰여 말하는 사람이 하거나 다른 사람에게서 들은 권유나 제안 내용을 전달할 때 사용돼요.**

예
- A 오늘 점심에 뭐 먹을까?
  B 위칭이 아까 치킨을 먹**자고 했어**.
- A 토요일에 몇 시에 만날까요?
  B 엘렌이 1시에 지하철역에서 만나**자고 했어요**.
- A 수업 후에 특별한 일 있어?
  B 루이즈가 같이 공부하**자고 해서** 도서관에 가려고.
- A 주말에 뭐 할 거예요?
  B 마테오가 집에서 같이 김밥을 만들**자고 했어요**.

유의

◆ **부정형은 '-지 말자고 하다'로 사용돼요.**

예
- 친구가 화를 내면서 앞으로 연락하지 말자고 했어요.
- 루이즈가 오늘 영화 보러 가지 말자고 해서 안 갔어요.

3. A/V-다니

의미

▶ **형용사, 동사와 함께 쓰여 어떤 사실에 대해 놀라거나 믿을 수 없음을 나타낼 때 사용돼요.**

예
- A 난 그만 먹을래. 배가 불러서 더 못 먹겠어.
  B 그렇게 조금 먹고 벌써 배가 부르**다니** 말도 안 돼.
- A 유나가 복권 1등에 당첨됐대요.
  B 정말요? 2등도 아니고 1등에 당첨되**다니** 믿을 수가 없어요.
- A 내가 이런 실수를 하**다니** 말도 안 돼.
  B 누구나 실수할 수 있지 뭐. 너무 실망하지 마.

- A 이 가방 제가 만든 거예요.
  B 진짜요? 이렇게 가방을 잘 만들**다니** 대단한데요.

유의

◆ **'이다'는 '(이)라니'로, '아니다'는 '아니라니'로 사용돼요.**

예
- 입학한 지 얼마 안 된 것 같은데 벌써 졸업이라니 믿을 수 없어요.
- 두 사람이 이렇게 닮았는데 가족이 아니라니 믿어지지 않아요.

◆ **뒤 절에 '놀랍다', '대단하다', '믿을 수 없다', '믿어지지 않는다', '말도 안 되다' 등이 주로 사용돼요.**

예
- 1등을 해서 장학금을 받다니 정말 대단해요.
- 3월에 눈이 오다니 말도 안 돼요.

◆ **문장 끝에도 사용할 수 있어요.**

예
- 좋아하는 가수를 직접 눈앞에서 보다니…….
- 외국인이 이렇게 한국 사람처럼 한국어를 잘하다니!

---

4. A/V-던데요

의미

▶ **형용사나 동사, '이다'와 함께 쓰여 말하는 사람이 과거에 직접 경험하여 알게 된 사실을 말하면서 듣는 사람의 반응을 기대할 때 사용돼요.**

예
- A 제주도에 갔다 왔죠? 어땠어요?
  B 볼 것도 많고 맛있는 것도 많**던데요**.
- A 혹시 안나 못 봤어요?
  B 아까 기숙사 쪽으로 가**던데요**.
- A 어머, 쇼타와 리카가 아는 사이야?
  B 그런 것 같아. 쇼타가 리카에 대해 잘 알**던데**.
- A 대학교 입학 지원서는 제출했어? 내일이 마감이**던데**.
  B 아직 제출 못 했어. 오늘 직접 가서 제출하려고.

유의

◆ **말하는 사람이 직접 경험한 일에 대해서만 쓸 수 있어요.**

예 • 어제 학교 앞에서 우연히 봤는데 루이즈와 안나가 만나던데요. (○)
진차오한테서 들었는데 어제 루이즈와 안나가 만나던데요. (×)

◆ **주어가 2, 3인칭일 때 주로 사용돼요.**

예 • 쇼타가 주말에 도서관에서 공부하던데요. (○)
저는 주말에 도서관에서 공부하던데요. (×)

◆ **1인칭 주어를 사용하면 말하는 사람의 심리나 기분, 감정을 나타내요.**

예 • 그 영화를 보고 나니까 스트레스가 풀리던데요. (○)
안나가 그 영화를 보고 나니까 스트레스가 풀리던데요. (×)

◆ **보통 뒤의 억양을 올려서 말해요.**

예 • 올리버는 요즘에도 회사일로 바쁘던데요. (↗)

• 기숙사에 돌아와 보니까 룸메이트가 이미 공항으로 떠났던데요. (↗)

5. A/V-냬요

의미

▶ **'-냐고 해요'의 줄임말로 다른 사람의 질문 내용을 인용하거나 전달할 때 사용돼요.**

예 • A 상우가 진영 씨 어디 아프**냬요**.
B 아니요. 괜찮아요. 잠을 잘 못 자서 그래요.

• A 진차오, 안나가 우리 오늘 점심에 뭐 먹**냬**.
B 글쎄. 그냥 학생 식당에서 먹는 게 어때?

• A 다샤, 쇼타가 쓰기 숙제가 언제까지**냬**.
B 다음주 월요일까지야.

• A 마테오, 루이즈가 너 어디에서 사**냬**. 전해 줄 게 있는 것 같아.
B 그래? 내가 루이즈에게 연락해 볼게.

유의

◆ **말하는 사람과 듣는 사람이 가깝거나 친한 사이일 때 사용돼요.**

예 • 쇼타가 이 김밥을 누가 만들었냬. (○)

• 안나가 선생님은 몇 시까지 올 거냬요. (×)

6. V-재요

의미

▶ **'-자고 해요'의 줄임말로 가까운 사람에게 권유, 제안 내용을 전달할 때 사용돼요.**

예 • A 너무 더워서 힘이 하나도 없어.
B 그렇지? 안 그래도 유나가 오늘 삼계탕 먹**재**.

• A 유나 씨, 상우가 영화 보러 같이 가**재요**.
B 좋아요. 보고 싶은 영화가 있었는데 잘 됐네요.

• A 조슈아와 얘기는 잘 했어요?
B 연락했는데 회의 중이라고 이따가 얘기하**재요**.

• A 마테오가 시험 끝났으니까 신나게 놀**재**.
B 좋아. 어디 갈까?

유의

◆ **부정형은 '-지 말재요'로 사용돼요.**

예 • 위칭이 너무 매운 음식은 먹지 말재요.

• 비가 많이 오니까 언니가 외출하지 말재.

8 단원 실수와 사과

1. V-았/었다가

의미

▶ **동사와 함께 쓰여 앞의 행동이 완전히 끝난 뒤에 다른 행동으로 바뀔 때 사용돼요.**

예
- A 여행 가방을 아직도 싸고 있어요?
  B 다 **쌌다가** 더 넣을 게 있어서 다시 풀었어요.
- A 봄인데 날씨가 너무 춥다.
  B 그렇지? 난 겨울옷을 정리해서 옷장에 넣**었다가** 다시 꺼냈어.
- A 왜 식당을 예약**했다가** 취소했어?
  B 친구들이 많이 온다고 해서 더 넓은 곳으로 바꿨어.
- A 초등학교마다 신입생이 줄고 있다고 해요.
  B 네. 작년에 조금 늘**었다가** 올해부터 다시 줄기 시작했대요.

유의

◆ **보통 앞 절과 뒤 절의 주어가 같아야 돼요.**

예
- 친구가 블로그에 글을 올렸다가 지웠어요. (○)
  친구가 블로그에 글을 올렸다가 제가 지웠어요. (×)

◆ **'-다가'는 어떤 행동이 지속되는 도중에 다른 행동으로 바뀜을 나타내고 '-았/었다가'는 어떤 행동이 완전히 끝난 뒤에 다른 행동이 일어났음을 나타내요.**

예
- 집에 가다가 은행에 들렀어요.
  = 집에 가는 길에 은행에 들렀어요.
- 집에 갔다가 은행에 갔어요.
  = 집에 갔어요. 그리고 다시 은행에 갔어요.

◆ **앞에 오는 말이 뒤에 오는 말의 원인이나 근거가 됨을 나타내기도 해요.**

예
- 상한 음식을 먹었다가 배탈이 났어요.

- 창문을 열고 잤다가 감기에 걸렸어요.

2. V-느라(고)

의미

▶ **동사와 함께 쓰여 앞의 행동이 뒤의 행동의 이유나 원인이 됨을 나타낼 때 사용돼요.**

예
- A 박 부장님이 많이 편찮으신 것 같아요.
  B 네. 치료를 받**느라고** 회사도 그만두셨어요.
- A 왜 전화를 안 받았어요?
  B 영화를 보**느라고** 전화를 못 받았어요.
- A 신혼여행 갈 곳은 정했어?
  B 응. 가고 싶은 데가 많아서 고르**느라** 너무 힘들었어.
- A 요즘 어떻게 지내요?
  B 블로그에 올릴 영상을 만드**느라** 바쁘게 지내고 있어요.

유의

◆ **앞 절과 뒤 절의 주어가 같아야 돼요.**

예
- 저는 쇼핑하느라고 용돈을 다 썼어요. (○)
  저는 쇼핑하느라고 동생이 용돈을 다 썼어요. (×)

◆ **뒤 절에 명령문이나 청유문을 사용할 수 없어요.**

예
- 다이어트 하느라고 저녁을 먹지 마세요. (×)
- 발표 준비를 하느라고 숙제를 하지 말자. (×)

◆ **앞 절의 동작이 계속돼 뒤 절에 영향을 미치는 것이기 때문에 오래 계속되는 행동을 나타내는 동사나 주어의 의지가 필요한 동사와 함께 사용돼요. '감기에 걸리다', '기침이 나다', '넘어지다', '일어나다'와 같이 주어의 의지가 필요하지 않거나 순간적인 행동을 나타내는 동사와 함께 사용할 수 없어요.**

예
- 감기에 걸리느라고 학교에 못 갔어요. (×)
- 늦게 일어나느라고 회사에 늦었어요. (×)

◆ **다른 사람의 노력에 대한 감사를 표시할 때 사용할 수 있어요.**

예
- 운전하시느라고 수고하셨습니다.
- 먼 길 오시느라 고생이 많으셨어요.

3. V-고 말다

의미

▶ **동사와 함께 쓰여 어떤 일이 의도하지 않은 상태에서 결국 일어났음을 나타낼 때 사용돼요.**

예
- A 회사 면접시험을 잘 봐서 기대를 걸고 있었는데 결국 불합격했다는 메시지를 받**고 말았어요**.
  B 너무 실망하지 마세요. 더 좋은 기회가 있을 거예요.
- A 친구한테 왜 미안하다고 사과했어요?
  B 친구랑 어렵게 잡은 중요한 약속인데 제가 약속을 잊어버리**고 말았거든요**.
- A 저녁을 간단하게 먹으려고 했는데 과식하**고 말았어**.
  B 그래? 그럼 지금 바로 자면 소화가 안 되니까 조금 늦게 자.
- A 건우는 사업이 잘된대요?
  B 어려운 것 같아요. 사업이 힘들어서 얼마 전에 살던 집까지 팔**고 말았대요**.

유의

◆ **'결국'과 자주 함께 사용돼요.**

예
- 두 사람은 성격 차이로 자주 싸우다가 결국 헤어지고 말았어요.
- 할아버지께서 오랫동안 병원에 계시다가 결국 돌아가시고 말았습니다.

◆ **뒤 절에 명령문이나 청유문을 사용할 수 없어요.**

예
- 건강을 위해서 술을 끊고 마세요. (×)
- 내일부터 학교에 일찍 오고 말자. (×)

◆ **의지를 나타내는 '-겠-'이 붙으면 어떤 일을 이루려는 주어의 강한 의지를 나타내요.**

예
- 오늘 밤까지 이 일을 다 끝내고 말겠어!
- 이번 학기에는 꼭 장학금을 받고 말겠어요.

4. A/V-(으)ㄹ 텐데

의미

▶ **형용사, 동사, '이다'와 함께 쓰여 말하는 사람의 추측을 나타낼 때 사용돼요. 뒤에는 추측한 내용과 관련되거나 반대되는 내용이 와요.**

예 • A 황민호 씨, 영화 촬영 때문에 바쁘**실 텐데** 오늘 이렇게 시간을 내 주셔서 감사합니다.
　B 아닙니다. 불러 주셔서 감사합니다.

• A 배고프면 이 과자 먹을래요?
　B 곧 저녁을 먹**을 텐데** 조금 기다렸다가 밥을 먹을래요.

• A 유나도 이 수업을 들**을 텐데** 오늘 왜 안 왔지?
　B 그러게. 전화 한번 해 볼까?

• A 여행 가고 싶은데 혼자 가는 건 재미없을 것 같아요.
　B 그래요? 위칭도 내일부터 방학**일 텐데** 한번 같이 가자고 해 보세요.

유의

◆ **문장 끝에도 사용할 수 있어요.**

예 • 친구가 어제 고향에 돌아갔을 텐데…….

• 오늘 춥지 않았어요? 옷을 얇게 입어서 추웠을 텐데요.

◆ **'-았/었으면 -았/었을 텐데'의 형태로 이루어지지 않은 일에 대한 아쉬움, 후회를 표현할 수 있어요.**

예 • 미리 예약했으면 공연을 볼 수 있었을 텐데 아쉬워요.

• 고등학교 때 좀 더 열심히 공부했으면 좋았을 텐데…….

5. V-지그래요

의미

▶ **동사와 함께 쓰여 완곡하게 조언하거나 권유함을 나타낼 때 사용돼요. 뒤의 억양을 올려서 말해요.**

예 • A 감기 걸린 지 일주일이 넘었는데 낫지 않네요.
　B 병원에 가서 주사를 맞**지그래요**. 주사를 맞으면 좋아질 거예요.

- A 친구 결혼식에 가는데 이렇게 입으면 되겠죠?
  B 넥타이도 매**지그래요**. 더 단정해 보일 것 같은데요.

- A 룸메이트가 내 물건을 마음대로 써서 기분이 나빠.
  B 그러지 말라고 솔직하게 말하**지그래**.

- A 운동을 해야 하는데 시간이 없네.
  B 그럼 가까운 곳에 갈 때는 버스를 타지 말고 걷**지그래**.

유의

◆ **'-지'만 사용해서 부드럽게 명령하거나 권유하는 의미를 나타낼 수 있어요. 조사 '그래'가 붙으면 그 의미가 더 강조돼요.**

예 • 감기 기운이 있으면 좀 쉬지그래.
= 감기 기운이 있으면 좀 쉬지.

◆ **2인칭 주어와 함께 사용해요. '우리, 저희'와 함께 사용할 수 없어요.**

예 • 쇼타 씨, 비가 오는데 택시를 타고 가지그래요. (○)
우리 비가 오는데 택시를 타고 가지그래요. (×)

6. -되다

의미

▶ **명사와 함께 쓰여 다른 것의 영향을 받아 어떤 상황에 놓임을 말할 때 사용돼요.**

예 • A 이 식당은 왜 이렇게 사람이 많은 거예요?
  B 얼마 전에 유명한 잡지에 소개**됐잖아요**.

- A 이 단어는 사전에서 검색**되지** 않네요.
  B 요즘에 새로 생긴 단어라서 그래요.

- A 유미 씨는 언니가 있어서 좋겠어요.
  B 네. 그런데 어릴 땐 언니하고 자주 비교**돼서** 싫을 때도 많았어요.

- A 앞으로 과학 기술이 더 발달**되면** 사람들이 바다 속에서 살 수도 있대요.
  B 바다 속에서 살면 재미있겠네요.

유의

◆ **주로 한자어 명사와 함께 사용돼요.**

예 • 한국어 수업은 9시에 시작돼요. (○)

• 이 자동차는 많은 사람들에게 사랑돼요. (×)

9 단원 특별한 날

1. A/V-(ㄴ/는)다거나

의미

▶ **형용사, 동사, '이다'와 함께 쓰여 발생할 수 있는 사건을 가정하여 나열하거나 실제 내용을 나열할 때 사용돼요. 주로 '-(ㄴ/는)다거나 -(ㄴ/는)다거나 하다'로 활용되고 '이다'는 '(이)라거나'로 사용돼요.**

예 • A 유나 씨는 주말을 어떻게 보내요?
B 보통 책을 읽**는다거나** 영화를 봐요.

• A 루이즈 씨는 평소에 점심을 어떻게 해결해요?
B 평소에는 학생 식당에 간**다거나** 간단히 샌드위치를 사 먹**는다거나** 하면서 점심을 해결해요.

• A 올리버 씨는 매운 음식도 잘 먹어요?
B 아니요. 저는 음식이 맵**다거나** 짜**다거나** 한 음식을 먹으면 속이 불편해서 잘 안 먹어요.

• A 앞으로 어떤 일을 하고 싶어요?
B 교사**라거나** 공무원으로 일할 수 있으면 좋겠어요.

유의

◆ **'-(ㄴ/는)다거나'는 두 개 이상의 행위나 상태를 제시하여 어느 쪽이든 상관없음을 나타낼 수 없지만 '-거나'는 어느 쪽이든 상관없음을 나타낼 수 있어요.**

예 • 수업 후에 같이 영화를 본다거나 쇼핑을 한다거나 해도 다 좋아요. (?)
수업 후에 같이 영화를 보거나 쇼핑을 하거나 다 좋아요. (○)

2. V-아/어 있다

의미

▶ **자동사와 함께 쓰여 어떤 행동이 끝난 후 그 상태가 계속됨을 나타낼 때 사용돼요.**

예
- A 냉장고에 아이스크림이 남**아 있어요**?
  B 아니요. 제가 다 먹었는데요.
- A 친구들은 모두 도착했어요?
  B 네. 조슈아만 안 오고 다른 친구들은 교실에 와 **있어요**.
- A 여기가 김 선생님 사무실 맞지?
  B 응. 그런 것 같아. 그런데 지금 문 앞에 회의 중이라고 쓰**여 있으니까** 조금 후에 다시 오자.
- A 여보세요. 쇼타, 너 지금 뭐 해?
  B 너무 피곤해서 소파에 누**워 있어**.

유의

◆ **목적어가 필요한 타동사와 함께 사용할 수 없어요.**

예
- 쇼타가 밥을 먹어 있어요. (×)
- 루이즈가 옷을 입어 있어요. (×)

◆ **주어를 높일 경우에는 '-아/어 계시다'로 사용돼요.**

예
- 집에 가니까 할아버지께서 앉아 계셨어요.
- 약속 장소에 부모님이 먼저 도착해 계셨어요.

◆ **'-아/어 있다'는 행동이 끝난 후에 그 상태가 지속됨을 나타내는 반면에 '-고 있다'는 어떤 동작이 진행됨을 나타내요.**

예
- 올리버가 내일 열리는 회의를 준비하기 위해 지금 부산에 가 있어요.
  (부산에 갔어요. 그리고 부산에 계속 있어요.)
- 엘렌이 버스를 놓쳐서 지금 택시를 타고 학교에 가고 있어요. (학교에 가는 중이에요.)

3. A/V-(으)ㄴ/는/(으)ㄹ 모양이다

의미

▶ **형용사, 동사, '이다'와 함께 쓰여 어떤 상황으로 미루어 어떤 일이 일어나거나 어떤 상태일 것이라고 추측함을 나타낼 때 사용돼요.**

예 • A 올리버는 요즘 주말에도 회사에 간대요.
B 그래요? 일이 많아서 바쁜 **모양이네요**.

• A 아침에 먹다가 남은 케이크가 냉장고에 없네요.
B 아까 위칭이 집에 오자마자 배가 고프다고 했는데 위칭이 먹**은 모양이네요**.

• A 안나는 이사 갈 집을 찾았대?
B 아니. 집을 안 찾는 걸 보니까 지금 사는 집에서 계속 **살 모양이야**.

• A 엘렌이 루이즈에게 선물을 주고 있네요.
B 선물을 주는 걸 보니까 루이즈의 생일인 **모양이네요**.

유의

◆ **'-(으)ㄴ/는/(으)ㄹ 모양이다'는 다른 근거를 보고 추측할 때만 사용하고 직접 경험한 것에는 사용할 수 없어요. 말하는 사람이 직접 경험한 사실에 대해 확신이 없거나 주관적으로 말할 때에는 '-(으)ㄴ/는/(으)ㄹ 것 같다'로 사용돼요.**

예 • 최근에 제가 이 화장품을 쓰고 있는데 화장품이 좋은 모양이에요. (×)
최근에 제가 이 화장품을 쓰고 있는데 화장품이 좋은 것 같아요. (○)

• 요즘 한국어 수업을 듣고 있는데 제 생각에 저는 한국어를 잘하는 모양이에요. (×)
요즘 한국어 수업을 듣고 있는데 제 생각에 저는 한국어를 잘하는 것 같아요. (○)

4. 피동사

의미

▶ **다른 사람이나 동물, 사물에 의해 이루어지는 동작을 나타낼 때 사용돼요. 목적어를 필요로 하는 타동사 중 일부 동사에 '이, 히, 리, 기'를 붙여 피동사를 만들어요.**

예 • A 조슈아 씨, 왜 문을 닫았어요?
B 제가 닫은 게 아니에요. 바람 때문에 문이 **닫힌** 거예요.

- A 어제 공원에서 산책하다가 모기에게 **물렸는데** 너무 간지러워요.
  B 이 약을 발라 보세요. 그러면 괜찮아질 거예요.

- A 우리 책이 **바뀐** 것 같아.
  B 미안해. 내가 어제 네 책을 잘못 가지고 간 것 같아.

- A 저 아이는 왜 울고 있어요?
  B 형한테 장난감을 **빼앗겨서** 그런 것 같아요.

유의

◆ **'먹히다, 안기다, 읽히다, 잡히다, 쫓기다' 등의 동사들은 다음과 같이 문장을 만들어서 사용돼요.**

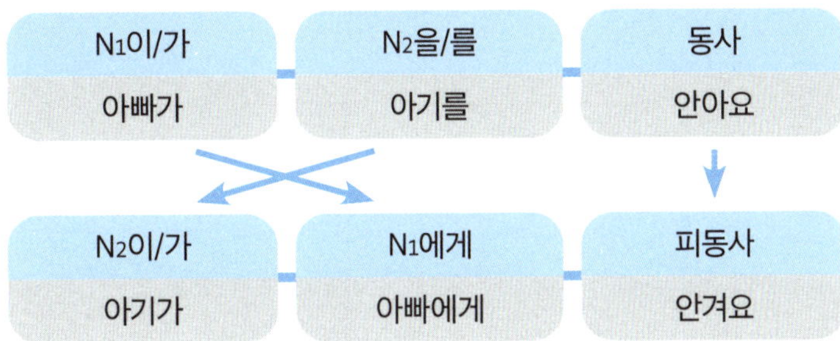

◆ **'끊기다, 들리다, 막히다, 바뀌다, 보이다, 열리다, 잠기다' 등의 동사들은 다음과 같이 문장을 만들어서 사용돼요.**

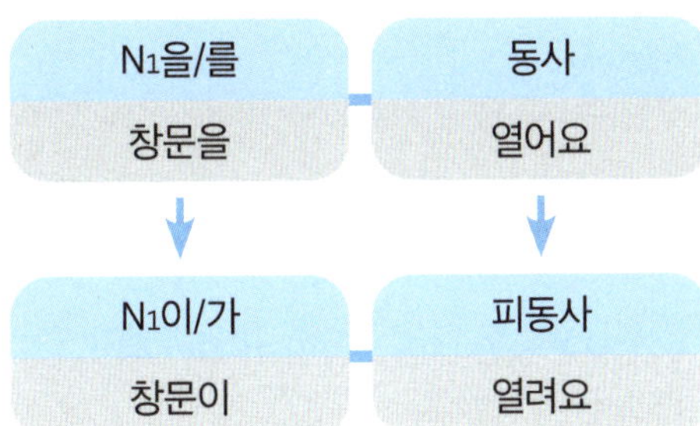

◆ **'걸리다, 꽂히다, 놓이다, 쌓이다, 쓰이다' 등의 동사들은 다음과 같이 문장을 만들어서 사용돼요.**

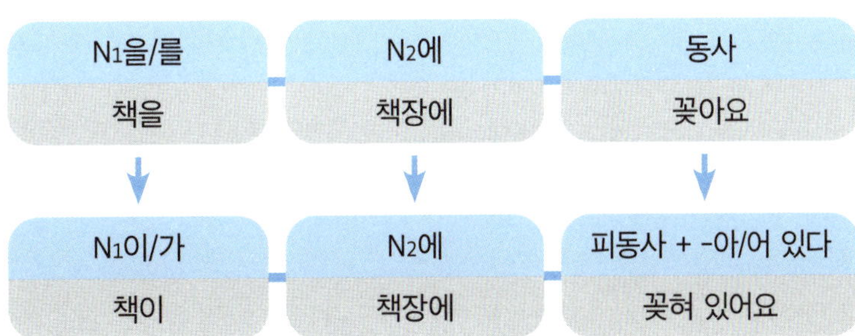

◆ **'-하다'의 경우 '-되다'나 '-받다'나 '-당하다'로 사용해 피동의 의미를 나타낼 수 있어요.**

예 • 내일 발표할 자료가 거의 다 준비됐어요.

• 여행사에 가면 여행 상품에 대해 자세하게 안내받을 수 있을 거예요.

• 쇼핑몰에서 산 물건을 반품하려고 했는데 영수증이 없다는 이유로 거절당했어요.

5. V-아/어지다

의미

▶ **동사와 함께 쓰여 어떤 행위가 저절로 또는 다른 상황 때문에 일어나게 되거나 이미 그러한 상태가 됨을 나타낼 때 사용돼요.**

예 • A 루이즈 씨, 옷이 왜 그래요?
B 손에 들고 있던 주스가 쏟**아져서** 이렇게 됐어요.

• A 이 공책은 종이의 질이 안 좋은 것 같아요.
B 맞아요. 볼펜으로 글을 쓸 때마다 종이가 자꾸 찢**어져요**.

• A 모임 날짜가 정해**졌어요**?
B 아니요. 아직 정해**지지** 않았어요. 날짜가 정해**지면** 다시 연락할게요.

• A 한글은 언제 만들**어졌어요**?
B 한글은 1443년에 만들**어졌어요**.

유의

◆ **'-아/어지다'를 사용해 능동문을 피동문으로 만들 때에는 다음과 같이 문장을 만들어서 사용돼요. 이때 'N에 의해'는 중요한 정보가 아니면 보통 생략해요.**

N_1이/가	N_2을/를		동사
사람들이	약속을	내일로	미뤘어요
↓	↓		↓
N_1에 의해	N_2이/가		동사 + -아/어지다
(사람들에 의해)	약속이	내일로	미뤄졌어요

◆ **주로 'N이/가 -아/어지다'로 사용돼요.**

예 • 계속 노력하면 꼭 꿈이 이루어질 거예요.

• 며칠 동안 약을 먹어서 감기가 좀 나아졌어요.

◆ **형용사와 '-아/어지다'가 함께 사용되면 점점 어떤 상태가 되어 간다는 의미를 나타내요.**

예 • 갑자기 학교 앞에 사람이 많아졌어요.

• 비가 오고 나면 앞으로 날씨가 추워질 거예요.

10 단원 음식과 생활

1. V-(으)ㄹ 줄 알다 (방법)

의미

▶ **동사와 함께 쓰여 어떤 일을 할 능력이 있는지 또는 방법을 아는지 말할 때 사용돼요.**

예 • A 이 한복이 잘 어울릴 것 같으니까 한번 입어 보세요. 그런데 한복을 입**을 줄 아세요**?
B 아니요. 몰라요. 좀 도와주세요.

• A 기차표를 인터넷으로 살 **줄 알아요**?
B 네. 전에 사 본 적이 있어요. 어렵지 않던데요.

• A 도서관에서 책을 빌리고 싶은데 어떻게 빌리는지 모르겠어요.
B 제가 책을 대출할 **줄 알아요**. 시간 될 때 도서관에 같이 가요.

• A 제가 고기를 맛있게 구울 **줄 아니까** 제가 할게요.
B 그래요? 부탁해요. 맛있게 구워 주세요.

유의

◆ **'-(으)ㄹ 줄 알다'의 부정형은 '-(으)ㄹ 줄 모르다'로 사용돼요.**

예 • 저는 운전을 할 줄 몰라요. 운전을 못 해요.

• 한국에 처음 왔을 때 지하철을 갈아탈 줄 몰라서 고생했어요.

◆ **'-(으)ㄹ 줄 알다/모르다'는 특정한 방법을 아는지 모르는지에 초점을 두고 '-(으)ㄹ 수 있다/없다'는 어떤 일을 할 능력과 가능성이 있는지 없는지에 초점을 둬요.**

예
- 저는 한글을 읽을 줄 알지만 의미를 다 이해하지는 못해요.
- 저는 자전거를 탈 줄 알지만 지금은 다리를 다쳐서 탈 수 없어요.

2. A/V-거든

의미

▶ **형용사, 동사, '이다'와 함께 쓰여 앞의 내용이 뒤의 내용에 대해 조건이나 가정임을 나타낼 때 사용돼요.**

예
- A 인터넷 쇼핑몰에서 산 옷이 방금 왔는데 좀 작아 보여요.
  B 입어 보고 옷이 작**거든** 교환 신청을 하세요.
- A 쇼타, 내일 아침에 일어나**거든** 나한테 바로 전화해.
  B 응. 알겠어.
- A 좀 춥네요. 창문을 닫을까요?
  B 네. 많이 춥**거든** 창문을 닫으세요.
- A 우리 아이는 내성적이라서 친구가 별로 없어요.
  B 아이가 조용한 성격이**거든** 집에 친구들을 초대해서 친구를 사귈 수 있게 해 주면 어때요?

유의

◆ **뒤 절에는 주로 명령문이나 청유문을 써요. 평서문을 쓸 때는 '-겠-', '-(으)ㄹ 것이다', '-(으)ㄹ게요' 등과 함께 사용할 수 있어요.**

예
- 눈이 많이 쌓였거든 밖에 나가지 마세요. (○)
  눈이 많이 쌓였거든 길이 미끄러워요. (×)
- 엘렌 씨 몸이 힘들거든 등산 약속을 취소하겠어요.
- 한국어 공부를 마치거든 취직을 할 거예요.
- 일단 최선을 다해 보고 더 이상 못 하겠거든 이야기할게요.

◆ **'-거든'과 '-(으)면' 모두 조건이나 가정의 의미를 나타내요. 그렇지만 실제로 일어날 가능성이 없을 때는 '-(으)면'을 써요.**

예 • 집에 도착하거든 전화해. (O)
  집에 도착하면 전화해. (O)

• 지금보다 열 살이 젊어지거든 대학교에 다시 가고 싶어요. (?)
  지금보다 열 살이 젊어지면 대학교에 다시 가고 싶어요. (O)

◆ **'-거든'은 조건과 함께 명령, 청유, 약속을 나타내기 때문에 화자보다 높은 사람에게는 '-(으)면'을 더 많이 사용해요.**

예 • A 부장님, 회의를 마치시면 연락 좀 해 주시겠습니까?
  B 알겠어요. 회의가 끝나거든 전화할게요.

• A 한국에서 대학교에 갈 거거든 더 열심히 공부해야 돼요.
  B 네. 선생님. 열심히 하겠습니다.

3. A/V-아/어도

의미

▶ **동사나 형용사, '이다'와 함께 쓰여 말하는 사실이나 가정에 대해 기대하는 것이 뒤의 상황에 영향을 주지 못할 때 사용돼요.**

예 • A 결석이 여덟 번이네요. 시험 성적이 좋**아도** 결석이 열 번을 넘으면 4급에 올라갈 수 없어요.
  B 네. 알겠습니다. 앞으로는 결석하지 않겠습니다.

• A 물 좀 더 드릴까요?
  B 네. 조금 더 주세요. 물을 마**셔도** 계속 목이 마르네요.

• A 이 집 치킨이 정말 맛있죠?
  B 네. 너무 맛있어서 배가 불**러도** 자꾸 먹게 되네요.

• A 요즘 동생이 저한테 말을 잘 안 해요. 왜 그러는지 모르겠어요.
  B 가족이**어도** 서로의 마음을 다 알 수는 없죠. 먼저 대화하기 편한 상황을 만들어서 말을 걸어 보세요.

유의

◆ **'아무리'와 함께 쓰여 의미를 강하게 나타내요.**

예 • 저는 날씨가 아무리 추워도 차가운 커피만 마셔요.

• 필기시험을 아무리 잘 봤어도 면접시험에서 떨어질 수 있어요.

◆ **동일한 동사나 형용사를 여러 번 사용해서 '-아/어도 -아/어도'의 구성으로 강조의 의미를 나타내요.**

예 • 날씨가 더워도 더워도 이렇게 더울 수가 없어요.

• 일이 너무 많아서 일을 해도 해도 끝이 없어요.

4. A/V-기는 하다

의미

▶ **형용사, 동사, '이다'와 함께 쓰여 어떤 일이나 상황에 대해 일부는 긍정하지만 일부는 다른 생각이나 의견도 있음을 나타낼 때 사용돼요.**

예 • A 이 집은 어떠세요? 집이 좁**기는 한데** 새로 지어서 깨끗하죠?
  B 네. 그러네요.

• A 오늘 위칭 생일 파티에 가죠?
  B 네. 가**기는 하지만** 한 시간만 있다가 나와야 돼요. 아르바이트가 있거든요.

• A 이 빵 먹어 봤어요? 맛있어요?
  B 맛있**기는 한데** 제 입에는 좀 달아요.

• A 너는 고향이 부산이야?
  B 고향이 부산이**기는 해도** 어렸을 때부터 서울에 살아서 서울이 더 익숙해.

유의

◆ **'-았/었-', '-겠-'은 '하다'에 붙여서 써요.**

예 • 스포츠 센터에 등록하기는 했지만 바빠서 몇 번 못 갔어요.

• 내년에 한국을 떠나기는 하겠지만 휴가 때마다 한국에 올 생각이에요.

◆ **'하다' 대신에 앞의 형용사, 동사를 반복해서 사용하기도 해요.**

예 • 김치가 맵긴 매워요. 그런데 맛있어요.

• 그 영화를 보기는 봤지만 재미없었어요.

5. 아무 N(이)나, 아무 N도

의미

▶ **'아무 N(이)나'는 명사와 함께 쓰여 어떤 것을 특별히 지정하지 않고 가리킬 때 사용돼요. '아무 N도'도 명사와 함께 쓰이며 주로 뒤에 '않다', '없다', '못'과 같은 부정적인 말과 함께 전체를 부정할 때 사용돼요. 사람의 경우에는 '아무나', '아무도', 사물은 '아무거나', '아무것도', 장소는 '아무 데나', '아무 데도' 등으로 쓰여요.**

예
- A 우리 무슨 노래 들을까?
  B 빠른 노래로 일단 **아무** 노래**나** 틀어 봐.
- A 우리 경복궁에 갈까요, 창덕궁에 갈까요?
  B 저는 둘 다 안 가 봐서 **아무 데나** 가도 돼요.
- A 2층에 살던 사람이 요즘 안 보이네요?
  B 이야기 못 들었어요? **아무도** 모르게 지난달에 이사 갔대요.
- A 프랑스어를 배웠어요?
  B 고등학교 때 조금 배웠는데 지금은 **아무것도** 기억이 안 나요.

유의

◆ **'아무'에 '와/과/하고', '에게/한테', '에게서/한테서'와 같은 조사와 '(이)나', '도'를 함께 붙여 사용할 수도 있어요.**

예
- 지금 저는 아무하고도 이야기하고 싶지 않아요.
- 이 서류를 사무실에 있는 직원 아무한테나 제출하세요.
- 저는 이번에 일어난 문제에 대해서 아무에게서도 듣지 못했습니다.

11 단원 문제 해결

1. A-(으)ㄴ가 보다, V-나 보다

의미

▶ **'-(으)ㄴ가 보다'는 형용사와 '이다'와 함께 쓰이고, '-나 보다'는 동사와 함께 쓰여 어떤 사실이나 상황으로 미루어 볼 때 그런 것 같다는 추측을 나타낼 때 사용돼요.**

예
- A 진차오가 모임에 안 왔네요.
  B 요즘 대학교 지원 준비를 한다고 했어요. 바쁜**가 봐요**.
- A 상우가 아직 학교에 있어요?
  B 네. 학교에서 지갑을 잃어버렸대요. 그래서 계속 지갑을 찾**나 봐요**.
- A 엘렌이 왜 저렇게 느리게 걸어요?
  B 새 구두를 신고 왔는데 발이 불편해서 걷기가 힘든**가 봐요**.
- A 혹시 저 사람 알아요? 학교에서 자주 봤어요.
  B 저도 얼마 전에 학교 도서관에서 봤어요. 우리 학교 학생인**가 봐요**.

유의

◆ **'-았/었-'과 함께 사용하면 형용사, 동사 모두 '-았/었나 보다'로 써요.**

예
- 마테오가 요리하기 싫어서 밥을 안 먹었대요. 요리하기 귀찮았나 봐요.
- 안나가 수업 시간에 계속 졸고 있어요. 어제 늦게 잤나 봐요.

◆ **추측의 근거인 앞 절에 '-(으)ㄴ 걸 보니까'가 자주 사용돼요.**

예
- 상우가 급하게 나가는 걸 보니까 약속 시간에 늦었나 봐요.
- 밖에 사람들이 우산을 쓴 걸 보니까 지금 비가 오나 봐요.

◆ **말하는 사람이 직접 경험한 일에 대해서는 '-(으)ㄴ가/나 보다'를 쓰지 않아요. 경험한 것에 대해 확신이 없이 말할 때는 '-(으)ㄴ/는/(으)ㄹ 것 같다'가 사용돼요.**

예
- (쇼타가 테니스 치는 걸 직접 보고) 쇼타가 테니스를 잘 치나 봐요. (×)
  (쇼타가 테니스 치는 걸 직접 보고) 쇼타가 테니스를 잘 치는 것 같아요. (○)

◆ **주어가 1인칭일 때는 보통 사용하지 않지만 말하는 사람이 자신을 객관화할 때는 사용할 수 있어요.**

예 • 어렸을 때 쓴 일기를 보니까 제가 어렸을 때는 아주 소극적이었나 봐요.

• 원하던 회사에 합격해서 정말 기뻐요. 제가 지금을 꿈을 꾸고 있나 봐요.

2. V-아/어 놓다

의미

▶ **동사와 함께 쓰여 어떤 행동을 끝낸 다음 그 상태가 지속됨을 나타낼 때 사용돼요.**

예 • A 진영아, 아침에 엄마가 도시락 **싸 놓았으니까** 나갈 때 가져가.
B 엄마, 고마워요!

• A 아까 전화를 왜 **꺼 놓았어**?
B 시험이 있었거든. 그래서 전화기를 껐어.

• A 여보세요? 안나 씨, 지금 뭐 하고 있어요?
B 음식 재료를 사고 있어요. 주말에 손님이 집에 와서 재료를 미리 준비**해 놓으려고요**.

• A 방학 때 뭐 할 거예요?
B 아르바이트해서 모**아 놓은** 돈으로 여행을 갈 거예요.

유의

◆ **동사 '놓다'의 활용형 '놓아'는 줄여서 '놔'로 사용돼요.**

예 • 외출하기 전에 난방을 꺼 놓았어요.
= 외출하기 전에 난방을 꺼 놨어요.

• 오늘 숙제할 시간이 없는데 어제 미리 해 놓아서 다행이에요.
= 오늘 숙제할 시간이 없는데 어제 미리 해 놔서 다행이에요.

◆ **동사 '놓다'와 함께 쓰여 '놓아 놓다'로 사용할 수 없어요.**

예 • 유나가 식탁 위에 꽃병을 놓아 놓았어요. (×)

• 어젯밤에 휴대 전화를 침대 옆에 놓아 놓았어요. (×)

3. A/V-아/어야

의미

▶ **형용사, 동사, '이다'와 함께 쓰여 앞의 행동이나 상태가 뒤 내용의 필수 조건임을 나타낼 때 사용돼요.**

예
- A 저 식당은 항상 손님이 많네요.
  B 음식이 다 맛있어서 그런 것 같아요. 식당은 음식이 맛있**어야** 인기가 많잖아요.
- A 독감 약도 약국에서 그냥 살 수 있어요?
  B 아니요. 병원 진료를 받**아야** 독감 약을 살 수 있어요.
- A 기타 연주를 잘하고 싶어요.
  B 꾸준히 연습**해야** 실력이 늘 거예요.
- A 학교 서점에서 누구나 할인받을 수 있어요?
  B 아니요. 이 학교 학생이**어야** 할인받을 수 있어요.

유의

◆ **뒤 절에 명령문이나 청유문을 사용할 수 없어요.**

예
- 9시가 돼야 수업을 시작하세요. (×)
- 날씨가 좋아야 공원에서 소풍하자. (×)

◆ **뒤 절에 가능성을 나타내는 '-(으)ㄹ 수 있다'가 자주 사용돼요.**

예
- 사진이 있어야 학생증을 만들 수 있어요.
- 공부를 열심히 해야 시험을 잘 볼 수 있어요.

4. A/V-(으)ㄹ 테니까(추측)

의미

▶ **형용사, 동사, '이다'와 함께 쓰여 뒤의 내용에 대한 조건으로 말하는 사람의 강한 추측을 나타낼 때 사용돼요.**

예
- A 저녁에 비가 올 거래요.
  B 비가 오면 쌀쌀할 **테니까** 겉옷을 가지고 가세요.

- A 위칭도 오고 있대?
  B 지금 출발했대. 위칭은 늦**을 테니까** 우리 먼저 식당에 들어가자.

- A 다리미 좀 써도 돼?
  B 응. 그런데 방금 내가 사용해서 뜨거**울 테니까** 조심해.

- A 다음 주가 고등학교 3학년인 조카의 생일인데 뭘 사 주면 좋을까요?
  B 그럼 조카가 내년에는 대학생**일 테니까** 노트북을 사 주면 어때요?

유의

◆ **주어가 1인칭일 때는 사용할 수 없어요.**

예 • 내가 아마 이번 시험에서도 일등을 할 테니까 열심히 공부할 거예요. (×)

• 제가 이 옷을 입으면 더울 테니까 얇은 옷을 입는 게 좋겠어요. (×)

◆ **'-겠-'과 함께 사용할 수 없어요.**

예 • 가족들이 공항에 도착하겠을 테니까 전화해 보세요. (×)

• 손님들이 늦게 오면 음식이 식겠을 테니까 1시간 뒤에 상을 차릴까요? (×)

5. V-(으)ㄹ 테니까(의지)

의미

▶ **동사와 함께 쓰여 말하는 사람의 어떤 행동이나 일에 대한 의지를 나타낼 때 사용돼요.**

예 • A 음식을 이렇게 많이 시키려고?
  B 배고파서. 내가 다 먹**을 테니까** 걱정하지 마.

• A 많이 피곤해요?
  B 네. 딱 30분만 **잘 테니까** 30분 후에 좀 깨워 주세요.

• A 부모님이 유학을 반대하지 않으셨어요?
  B 걱정이 많으셨어요. 그런데 제가 열심히 공부**할 테니까** 허락해 달라고 말씀드렸어요.

• A 저녁에 고기를 구워 먹을까요?
  B 그럼 제가 고기를 구**울 테니까** 엘렌 씨가 채소를 씻어 주세요.

유의

◆ **앞 절과 뒤 절의 주어는 달라야 하는데 앞 절의 주어는 1인칭이에요.**

예 • 제가 오늘까지 이 일을 마칠 테니까 좀 기다려 주세요.

• 내가 액세서리 만드는 것을 가르쳐 줄 테니까 한번 만들어 봐.

◆ **뒤 절에는 주로 명령문이나 청유문을 써요.**

예 • 제가 짐을 옮길 테니까 좀 쉬고 계세요.

• 내가 필기한 것을 보여 줄 테니까 같이 시험공부하자.

12 단원 나의 진로

1. V-아/어야겠-

의미

▶ **동사와 함께 쓰여 말하는 사람이 어떤 행동을 할 것이라는 강한 의지를 나타낼 때 사용돼요.**

예 • A 요즘 배우 하연수가 출연한 드라마가 그렇게 재미있대요.
B 그래요? 저도 이번 주말에는 꼭 **봐야겠네요**.

• A 고객 센터에 전화해 봤어요?
B 아니요. 아무리 전화해도 안 받아요. 조금 이따가 고객 게시판에 문의 글을 써**야겠어요**.

• A 룸메이트랑 싸웠다고 했죠? 화해했어요?
B 아직요. 며칠 동안 이야기를 안 하니까 너무 답답해서 그냥 제가 먼저 사과**해야겠어요**.

• A 집에 안 가요?
B 네. 좀 걷다 가려고요. 배가 너무 불러서 소화가 되게 좀 걸**어야겠어요**.

유의

◆ **'꼭, 반드시'와 자주 사용돼요.**

예 • 부산 바다가 멋있다는데 이번 여름에는 꼭 가 봐야겠어요.

- 이번 시험에서는 반드시 1등을 해야겠어요.

◆ **과거 '-았/었-'과 함께 사용할 수 없어요.**

예 • 어제부터 감기에 걸려서 힘드니까 집에 가서 쉬었어야겠어요. (×)
어제부터 감기에 걸려서 힘드니까 집에 가서 쉬어야겠어요. (○)

2. V-(으)려다가

의미

▶ **동사와 함께 쓰여 어떤 행동을 할 의도를 가지고 있다가 그 행동을 멈추거나 다른 행동을 하게 됨을 나타낼 때 사용돼요.**

예 • A 버스를 타고 왔어요?
B 네. 택시를 잡**으려다가** 바로 버스가 와서 그냥 버스를 타고 왔어요.

- A 아기는 깨웠어요?
B 아니요. 너무 잘 자고 있어서 깨우**려다가** 조금 더 재우려고 그냥 뒀어요.

- A 콘서트 표는 샀어요?
B 아니요. 예매하**려다가** 홈페이지에 들어가는 것부터 너무 힘들어서 그냥 포기했어요.

- A 집은 잘 팔았어요?
B 아니요. 팔**려다가** 갑자기 집값이 너무 떨어져서 나중에 팔기로 했어요.

유의

◆ **앞 절과 뒤 절의 주어가 같아야 해요.**

예 • 저는 댄스곡을 부르려다가 자신이 없어서 조용한 노래를 불렀어요. (○)
친구는 댄스곡을 부르려다가 저는 조용한 노래를 불렀어요. (×)

◆ **어떤 행위를 하려는 의도가 있었으나 결국은 하지 않거나 다른 행위를 했음을 나타낼 때 쓰이기 때문에 뒤 절은 주로 과거 시제로 써요. 뒤 절은 평서문, 의문문으로 쓰고 명령문이나 청유문은 사용할 수 없어요.**

예 • 커피를 주문하려다가 주스를 주문했어요. (○)
커피를 주문하려다가 주스를 주문해라. (×)

3. A/V-(으)ㄴ/는/(으)ㄹ 만큼

의미

▶ **형용사, 동사와 함께 쓰여 앞의 내용과 비슷한 정도나 수량임을 나타낼 때 사용돼요.**

예
- A 이 식당은 분위기가 좋아 보이네요.
  B 네. 그런데 식당 분위기가 좋**은 만큼** 음식 가격도 비싸요.
- A 이번 시험에서 쇼타가 또 1등을 했대.
  B 나도 쇼타가 공부한 **만큼** 했는데 나는 왜 이렇게 성적이 안 좋지?
- A 저 식당은 볼 때마다 사람들이 많네요.
  B 그러게요. 사람들이 많이 찾**는 만큼** 맛도 좋겠죠.
- A 올리버는 성격이 어때요?
  B 같이 여행을 가면 이동 시간까지 생각하고 계획을 세울 **만큼** 꼼꼼해요.

유의

◆ **앞 절과 뒤 절의 시제가 같아도 되고 달라도 돼요.**

예
- 올리버가 일한 만큼 저도 일했어요.
  올리버가 일하는 만큼 저도 일했어요.
  올리버가 일한 만큼 저도 일할 거예요.

◆ **보조사 '은', '만' 등과 함께 사용할 수 있어요.**

예
- 언니가 하는 만큼은 나도 할 수 있어.
- 필요한 만큼만 사세요.

◆ **명사는 'N만큼' 형태로 쓰여 앞 말과 비슷한 정도임을 나타내요.**

예
- 저도 형만큼 키가 크고 싶어요.
- 오늘도 지난주만큼 추울 거예요.

◆ **'V-(으)ㄹ 만큼 V'의 형태로 쓰여 관용적으로 사용되기도 해요.**

예
- 저도 참을 만큼 참았어요. 더 이상은 못 참아요.

- 저도 나이를 먹을 만큼 먹었으니 반말하지 마세요.
- 신촌에서 10년 살아서 신촌의 맛집은 거의 알 만큼 알고 있다.

4. V-아/어 가다

의미

▶ **동사와 함께 쓰여 어떤 행동이나 상태가 완성이나 끝을 향해 계속 변화하거나 진행됨을 나타낼 때 사용돼요.**

예
- A 반 친구들과는 많이 친해졌어요?
  B 아니요. 이번 학기가 시작된 지 얼마 안 돼서 아직 어색해요. 서로 조금씩 알**아 가는** 중이에요.
- A 시험 시간이 다 되**어 가는데** 진차오는 아직 안 왔어요?
  B 지금 엘리베이터 안이래요.
- A 산이 빨갛게 변**해 가는** 걸 보니까 가을이 오고 있나 봐요.
  B 그러게요. 아침저녁으로 날도 쌀쌀해졌어요.
- A 연습 문제 다 풀었어요?
  B 아직요. 거의 다 풀**어 가요**.

유의

◆ **진행의 의미를 강조하여 나타내기 위해 '거의, 다, 점점'과 같은 부사가 함께 사용돼요.**

예
- 유나 씨, 저녁 준비가 다 되어 가요.
- 어렸을 때의 자주 가던 가게들이 점점 사라져 가고 있어요.

◆ **'가다'에 '-았/었-'과 '-겠-'을 결합해서 사용할 수 있어요.**

예
- 올리버와 여자 친구는 점점 서로 닮아 갔습니다.
- 앞으로 한국 역사에 대해 더 많이 알아 가겠습니다.

5. V-아/어 오다

의미

▶ **동사와 함께 쓰여 어떤 행동이나 상태가 과거부터 지금까지 계속 변화하거나 진행되고 있음을 나타낼 때 사용돼요.**

예
- A 한국어 듣기를 어떻게 잘하게 됐어요?
  B 두 달 전부터 매일 1시간씩 한국 드라마를 봐 **왔어요**.
- A 언제부터 영상을 찍었어요?
  B 1년 전부터 꾸준히 찍**어 왔어요**.
- A 왜 갑자기 유학을 가기로 한 거예요?
  B 급하게 결정한 게 아니에요. 오래전부터 생각**해 온** 일이었어요.
- A 환경을 위해 하는 일이 있어요?
  B 고등학생 때부터 주말마다 공원에 가서 쓰레기를 주**워 왔었는데** 요즘은 시간이 없어서 못 해요.

유의

◆ **'계속', '부터'와 같이 사용해서 행위나 상태의 변화가 진행되고 있는 구체적인 시간을 나타내요.**

예
- 상우는 3년 전부터 계속 강아지를 키워 왔어요.
- 엘렌은 한국에 처음 왔을 때부터 한국 액세서리에 대해 관심을 가져 왔어요.

◆ **순간적인 행위를 나타내는 동사나 '도착하다, 가다, 끝내다'처럼 어떤 목표점 또는 끝점을 나타내는 동사와는 함께 사용할 수 없어요.**

예
- 지하철이 도착해 와서 빨리 탔어요. (×)
- 발표 준비도 거의 다 끝내 오니까 힘내요. (×)

◆ **일부 동사와 결합하여 말하는 사람에게 어떤 동작을 취하거나, 어떤 행위나 상태가 말하는 사람에게 발생했음을 나타내요.**

예
- 유나가 다음 주 시험 문제에 대해 나에게 물어 왔어요.
- 기차 안에서 모르는 사람이 계속 말을 걸어 와서 잠을 하나도 못 잤어요.

◆ **'오다'를 미래 시제로 사용할 수 없어요.**

예
- 안나는 일본에 유학 간 후에 잘 적응해 올 거예요. (×)
- 저는 지금처럼 앞으로도 한국 역사에 대해 연구해 올 교수님을 존경해요. (×)

듣기 지문 및 정답

7 단원 운동 경기와 공연

어휘와 표현 1_ 기대와 결과 p. 10

1. (1) ① (2) ③ (3) ②

2. (1) 대회에서 우승했다 (2) 박수를 보냈다 (3) 기쁨의 눈물을 흘렸다

3. (1) 경기를 예측해 (2) 기대를 걸고 (3) 마음이 설레는

어휘와 표현 2_ 공연 관련 p. 11

1. (1) 공연 정보를 검색해 (2) 감동을 받아서 (3) 장면이 인상적이었어요 (4) 소극장에서 공연한대요

2. (1) ② (2) ③ (3) ① (4) ④

3. (1) 노래 실력이 뛰어난 (2) 무대 연출이 화려한 (3) 주인공을 맡은 (4) 뮤지컬로 제작돼서/제작되어

문법 1_ A/V-냐고 하다 p. 12

1. (1) 뭐 하냐고 했어요/물었어요 (2) 더웠냐고 물었어요 (3) 되냐고 해서/물어서 (4) 누구냐고 물어서

2. (1) 지내냐고 했어요/물었어요 (2) 있냐고 했어요/물었어요 (3) 할 거냐고 했어요/물었어요
   (4) 어떠냐고 했어요/물었어요

문법 2_ V-자고 하다 p. 13

1. (1) 쇼핑하자고 해서 (2) 먹자고 해서 (3) 만들자고 했어요 (4) 가지 말자고 했어

2. (1) 타지 말자고 했어 (2) 가자고 했어 (3) 만나자고 했어 (4) 보자고 했어

문법 3_ A/V-다니 p. 14

1. (1) 힘들다니 (2) 일어나다니 (3) 10년이라니 (4) 고프다니

2. (1) 덥다니 (2) 따다니 (3) 다치다니 (4) 오다니

문법 4_ A/V-던데요 p. 15

1. (1) 친절하던데요 (2) 많던데요 (3) 팔던데요 (4) 어렵지 않던데요

2. (1) 찾던데 (2) 멀던데요 (3) 유학생인데요 (4) 잘하던데 (5) 왔는데요 (6) 아닌데요

더 알아보기 1_ A/V-내요 p. 16

1. (1) 뭐내요 (2) 가깝내요 (3) 배웠내요 (4) 싶내요

더 알아보기 2_ V-재요 p. 16

1. (1) 하지 말재 (2) 가 보재 (3) 먹재 (4) 찍재

듣고 쓰기 p. 17

1.

상우	조슈아, 이번 주 토요일에 축구 경기 표가 있는데 같이 가자.
조슈아	정말? 상우야, 나 진짜 가 보고 싶었는데 잘됐다. 그런데 표 사기가 힘들다고 들었는데 어떻게 샀어?
상우	서울 팀과 인천 팀 경기인데 쇼타가 서울 팀 팬이잖아. 표를 여러 장 구했다고 같이 보러 가자고 했어.
조슈아	좋아. 진차오도 축구 좋아하는데 쇼타에게 표가 더 있냐고 물어봐 줄 수 있어? 다 같이 가면 좋을 거 같아. 참, 축구장에 갈 때 뭘 준비해야 돼?
상우	특별히 준비할 건 없는데 경기장에서 다 같이 응원하면 더 재미있을 것 같으니까 서울 팀의 응원 영상을 한번 보고 와.
조슈아	알겠어. 너무 기대된다!

(1) ③

(2) ① 가자고 했어 ② 있냐고 물어봤어

2.

다샤	루이즈, 어제 미국과 프랑스의 올림픽 농구 결승 경기 봤어?
루이즈	응. 다샤, 너도 봤어? 정말 대단했지? 미국이 이기고 있었는데 마지막에 프랑스가 골을 넣어서 1점 차이로 이겼잖아. 프랑스가 1등을 하다니 정말 꿈만 같았어.
다샤	그러니까. 해설자들도 당연히 미국이 금메달을 딸 거라고 예측했는데 프랑스가 이겨서 정말 놀랐어.
루이즈	경기가 끝난 후에 감독도 선수들도 모두 기쁨의 눈물을 흘렸잖아. 정말 감동적이었어.
다샤	맞아. 1점 차이로 금메달을 놓치다니 미국 선수들도 너무 속상할 거 같아.
루이즈	응. 그래도 미국 감독은 경기 후 소감이 어떠냐고 묻는 기자에게 모두 최선을 다했으니까 결과에 만족한다고 했어.

(1) ③

(2) ① 1등을 하다니 ② 금메달을 놓치다니 ③ 소감이 어떠냐고 물었다

말하기 pp. 18~19

1. (1) ③

2. (1) ② (2) ③

(3) ① 뮤지컬 초대권이 있는데 같이 갈래요 ② 뮤지컬 공연인데 제가 빠질 수 없죠
③ 다른 뮤지컬을 본 적이 있는데 연기가 최고던데요 ④ 엘렌 씨 이야기를 들으니까 더욱 기대가 되네요

읽고 쓰기 pp. 20~21

1. (1)

① 1 — 공연의 내용

② 2 — 인상적인 장면

③ 3 — 관람 후 소감

2. (1) ③ (2) ② (3) ③

3.

뮤지컬 〈로미오와 줄리엣〉을 보고

오늘 윌리엄 셰익스피어의 〈로미오와 줄리엣〉을 뮤지컬로 봤다. 오래 전 영화를 보고 감동을 받은 작품이라 기대를 하고 극장에 보러 갔다.

〈로미오와 줄리엣〉은 사이가 좋지 않은 두 가족의 아들과 딸이 만나 사랑하면서 생기는 이야기이다. 로미오는 파티에 가서 줄리엣을 보자마자 사랑하게 된다. 두 사람은 서로 사랑하지만 가족들은 두 사람이 사귀는 것을 반대한다.

뮤지컬로 본 〈로미오와 줄리엣〉은 영화와는 느낌이 많이 달랐다. 실제로 눈앞에서 배우들의 연기를 보니 주인공들의 연기와 노래 실력이 뛰어나서 더욱 감동을 받았다. 가장 인상적인 장면은 로미오가 줄리엣의 방 창문 아래에서 사랑의 노래를 부르는 장면이었다. 그 장면에서 줄리엣에 대한 로미오의 마음이 느껴져 나도 모르게 눈물이 났다. 노래하면서 연기하는 게 쉽지 않다고 하던데. 배우들이 정말 대단한 것 같다.

공연을 보고 나오는 사람들은 감동을 받은 얼굴을 하고 있었다. 아마도 로미오와 줄리엣의 사랑이 사랑에 대해 다시 한번 생각해 보게 하고 우리의 마음을 따뜻하게 해 주었기 때문일 것이다.

8 단원 실수와 사과

어휘와 표현 1_ 실수 p. 22

1. (1) ③ (2) ② (3) ①

2. (1) 착각했어 (2) 후회돼 (3) 마음이 무거워

3. (1) 발을 밟아서/밟았기 때문에 (2) 쏟았을 (3) 괴로워요/괴로웠어요

어휘와 표현 2_ 사과와 오해 p. 23

1. (1) 오해를 받았습니다 (2) 잘못을 인정한다고 (3) 오해가 쌓여서 (4) 오해를 풀어야

2. (1) ② (2) ① (3) ④ (4) ③

3. (1) 친구와 화해했어요 (2) 잘못을 사과하기 (3) 핑계를 댔어요 (4) 사과를 받아 주세요

문법 1_ V-았/었다가 p. 24

1. (1) ⑤, 묶었다가 마음에 안 들어서 풀었다 (2) ①, 썼다가 더워서 벗었다
   (3) ③, 탔다가 '삐' 소리가 나서 내렸다 (4) ②, 열었다가 잘 안 팔려서 닫았다
   (5) ④, 잡았다가 놓쳐서 모두 아쉬워했다

2. (1) 껐다가 (2) 배우다가 (3) 갔다가 (4) 자다가 (5) 눌렀다가

문법 2_ V-느라(고) p. 25

1. (1) 보느라(고) (2) 가느라(고) (3) 푸느라(고) (4) 찾느라(고)

2. (1) 못 봤어요 (2) 아파서/아팠기 때문에 (3) 걸려서/걸렸기 때문에
   (4) 책이라서/책이어서/책이기 때문에 (5) 하느라(고)

문법 3_ V-고 말다 p. 26

1. (1) 떨어지고 말았어요 (2) 걸리고 말았어요 (3) 울고 말았어요 (4) 놓치고 말았대요

2. (1) 다치고 말았어요 (2) 잊어버리고 말았어요/잊고 말았어요 (3) 쏟고 말았어요 (4) 취소되고 말았어요

문법 4_ A/V-(으)ㄹ 텐데 p. 27

1. (1) 많을 텐데 (2) 필 텐데 (3) 걸릴 텐데 (4) 될 텐데

2. (1) 힘들 텐데 (2) 미끄러울 텐데 (3) 붐빌 텐데 (4) 부를 텐데

더 알아보기 1_ V-지그래요 p. 28

1. (1) 아르바이트를 하지그래요 (2) 한국 역사 수업을 듣지그래요
   (3) 동아리에 가입하지그래요 (4) 복싱을 배워 보지그래요

더 알아보기 2_ -되다 p. 28

1. (1) 설치돼서 (2) 정리됐어요 (3) 할인해 (4) 사용하는 (5) 방해하는 (6) 연장돼서

듣고 쓰기 p. 29

1.

위칭	안나 씨, 제 이야기 좀 들어 볼래요? 저 고민하느라고 잠도 잘 못 잤어요.
안나	위칭 씨, 왜요? 무슨 일인데요?
위칭	어제 쇼타한테서 한국어 책을 빌렸는데요. 카페에서 공부하다가 책에 커피를 쏟았어요.
안나	커피요? 그래서 어떻게 했어요?
위칭	바로 휴지로 닦았는데 책이 아주 더러워졌어요.
안나	그럼 새 책으로 사 주지그래요. 학교 서점에 있을 거예요.
위칭	학교 서점에 책이 없었어요. 그래서 어제 서점에 갔다가 그냥 집에 왔어요. 쇼타가 책에 필기를 많이 했던데. 수업 시간에 필기하느라고 쇼타가 고생했을 걸 생각하니까 너무 미안해서 마음이 무거워요.
안나	더 늦기 전에 쇼타한테 말하고 사과하는 게 어때요? 새 책도 빨리 구해 보고요.
위칭	알겠어요. 오늘 다른 서점에도 들러 본 후에 쇼타한테도 연락해 볼게요.

(1) ③

(2) ① 서점에 갔다가 ② 수업 시간에 필기하느라(고)

2.

마테오	엘렌, 난 아직 높임말을 잘 모르겠어. 오늘 학교에 오면서 카페에 들렀다가 왔는데 거기서 실수를 하고 말았어.
엘렌	정말? 마테오, 무슨 일이 있었는데?
마테오	카페에서 주문하려고 메뉴판을 보고 있는데 내 뒤에 다른 손님이 온 거야.
엘렌	그래서?
마테오	시간이 오래 걸릴 것 같아서 그 사람한테 먼저 주문하라고 말하고 싶었어. 그런데 급한 마음에 나도 모르게 "너 먼저 해."라고 말하고 말았어. 그걸 듣고 주변에 있던 사람들이 나를 쳐다봐서 너무 창피했어. 엘렌, 넌 이렇게 실수한 적 없지?
엘렌	나도 당연히 있지. 얼마 전 식당에서 계산을 할 때 점원이 "뭐 드셨어요?"라고 물었는데 "저는 비빔밥 드셨어요."라고 대답했어. 내 말을 듣고 점원이 웃어서 내가 잘못 말한 걸 그때 알았어.
마테오	그랬구나. 한국어를 배우느라고 힘들 때도 있지만 나중에는 이것도 다 재미있는 일들로 기억되겠지?

(1) ③

(2) ① 들렀다가 왔는데 ② 말하고 말았다 ③ 한국어를 배우느라(고)

말하기 pp. 30~31

1. (1) ①

2. (1) ② (2) ②

(3) ① 지난주에 디자인 회사 근처에 갔다가 디자인 회사에 들러서 포스터 제작을 맡기고 왔어
② 포스터 내용을 다시 한번 확인했으면 이런 일이 없었을 텐데……
③ 내가 해야 할 일인데 너까지 번거롭게 해서 정말 미안해
④ 일부러 그런 것도 아닌데. 괜찮아

읽고 쓰기 pp. 32~33

1. (1) ① ⓐ 그 실수 • • 상대방과 눈을 맞추는 행동
② ⓑ 이런 상황 • • 윗사람에게 지적을 받을 때
③ ⓒ 그렇게 하는 것 • • 보고서에 숫자를 틀리게 쓴 것

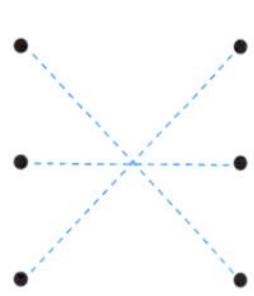

2. (1) ② (2) ③ (3) ①

3.

문화 차이로 생긴 오해

미국에서는 대화를 할 때 상대방의 눈을 똑바로 쳐다보면서 말한다. 그것은 거짓말을 하고 있지 않다는 표현일 뿐만 아니라 상대방에 대한 관심과 존경의 표현이다. 눈을 맞추지 않는 것은 예절에 맞지 않는 행동인데 그것은 상대방이 하는 말에 관심이 없다는 뜻으로 이해되기 때문이다.

그런데 반대로 나는 미국의 이런 문화 때문에 한국에서 예절을 모르는 사람으로 오해를 받은 적이 있다. 한국에 온 지 얼마 안 돼서 나는 일하다가 보고서에 숫자를 잘못 쓰는 실수를 하고 말았다. 그래서 부장님이 나를 불러서 잘못된 것을 말씀해 주셨다. 그때 나는 부장님의 눈을 똑바로 쳐다보면서 열심히 들었다.

그런데 부장님의 표정이 점점 안 좋아지셨다. 화가 나신 것 같았다. 내가 한 실수가 그렇게 큰 잘못은 아닐 텐데 조금 심하다는 생각이 들었다. 그렇지만 나는 말씀에 더 집중하기 위해서 부장님과 눈을 맞추면서 들었다. 그때 부장님은 나를 이상하게 쳐다보셨다.

윗사람에게 지적을 받는 상황에서 눈을 똑바로 쳐다보는 것은 한국 예절에 맞지 않는 행동이라는 사실을 나중에 알았다. 그 이후부터는 실수하지 않고 한국 문화에 맞게 행동하게 되었다.

9 단원 특별한 날

어휘와 표현 1_ 특별한 날 p. 34

1. (1) 대회에 나가기 (2) 수료식에 참석했는데 (3) 예선을 통과했을

2. (1) ① (2) ③ (3) ②

3. (1) 결혼식을 올릴 (2) 마음을 표현했고 (3) 청혼을 받았습니다

어휘와 표현 2_ 사건과 사고 p. 35

1. (1) ② (2) ① (3) ③ (4) ④

2. (1) 부서졌고 (2) 쓰러졌습니다 (3) 꺼졌고 (4) 깨진

3. (1) 찢어졌어요 (2) 켜져 (3) 쏟아져 (4) 떨어졌어

문법 1_ A/V-(ㄴ/는)다거나 p. 36

1. (1) 일이 어렵다거나 회사 일이 힘들다거나/회사 일이 힘들다거나 일이 어렵다거나
   (2) 목욕을 한다거나 따뜻한 우유를 마신다거나/따뜻한 우유를 마신다거나 목욕을 한다거나
   (3) 장갑을 낀다거나 목도리를 한다거나/목도리를 한다거나 장갑을 낀다거나
   (4) 사이즈가 크다거나 신발이 불편하다거나/신발이 불편하다거나 사이즈가 크다거나

2. (1) 사진을 찍는다거나 그림을 만진다거나 (2) 뛰어다닌다거나 큰 소리로 떠든다거나
   (3) 음식물을 가져간다거나 강아지를 데려간다거나 (4) 한국 드라마를 많이 본다거나 한국 소설책을 읽는다거나
   (5) 한국 뉴스를 많이 듣는다거나 한국 사람들과 많이 말한다거나

문법 2_ V-아/어 있다 p. 37

1. (1) 들어 있어요 (2) 서 있는 (3) 입원해 계세요/계셔서요/계시거든요 (4) 열려 있어서

2. (1) 붙어 있었다 (2) 도착해 있었다 (3) 비어 있어서 (4) 준비되어 있었다

문법 3_ A/V-(으)ㄴ/는/(으)ㄹ 모양이다 p. 38

1. (1) 맛있는 모양이에요 (2) 시험 기간인 모양이에요 (3) 피곤한 모양이에요 (4) 들은 모양이야

2. (1) 추운 (2) 열 (3) 사는 (4) 취소한 (5) 아픈

문법 4_ 피동사 p. 39

1. (1) 안겨 (2) 보이는 (3) 막힐 (4) 밀려서

2. (1) 놓여 (2) 꽂혀 (3) 들려서/들렸는데 (4) 끊겨서

더 알아보기_ V-아/어지다 p. 40

1. (1) 부러졌어요 (2) 지켜야 (3) 믿을 (4) 지워져요 (5) 기다려져요

2. (1) 구워졌는데/구워졌으니까 (2) 정해졌어요 (3) 끊어져서 (4) 느껴지네요

듣고 쓰기 p. 41

1.

진행자 1	다음은 다샤 씨가 보내 준 사연을 소개해 드리겠습니다. 친구인 위칭 씨에게 하고 싶은 말이 있어서 사연을 보내셨다고 하는데요. 한번 들어 볼까요?
진행자 2	그럼 제가 읽어 볼게요. 안녕하세요? 저는 한국어를 공부하고 있는 다샤라고 합니다. 몇 달 전에 한국에 처음 왔을 때 한국 생활과 한국어 수업에 대한 걱정이 아주 많았습니다. 반 친구들과 친해지고 싶었지만 소극적인 성격이라서 먼저 말도 못 걸고 혼자 조용히 교실에 앉아 있었는데요. 그때 웃으면서 저에게 먼저 말을 걸어 준 친구가 바로 위칭이었습니다. 우리는 매일 이야기를 한다거나 같이 밥을 먹는다거나 하면서 더 가까워졌습니다. 그리고 제가 한국 생활에 익숙하지 않아서 잘 모르는 것도 위칭이 알려 주었습니다. 위칭 덕분에 제 한국 생활이 즐거워졌고 한국어 수업도 점점 더 재미있어졌습니다. 항상 저에게 많은 도움을 준 위칭에게 정말 고맙다고 말하고 싶습니다. 이런 사연이네요.
진행자 1	네. 잘 들었습니다. 위칭 씨에게 감사의 마음을 전달하는 다샤 씨의 사연이 참 듣기 좋네요. 두 분이 이야기하면서 드실 수 있도록 사연을 보내 주신 다샤 씨에게 케이크를 선물로 보내 드리겠습니다.

(1) ②

(2) ① 앉아 있을/있었을 ② 밥을 먹는다거나

2.

엘렌	안나 씨, 오늘도 그 옷을 입고 왔네요. 자주 입는 걸 보니까 그 옷을 정말 좋아하는 모양이네요.
안나	네. 엘렌 씨. 이 옷은 저에게 정말 소중한 옷이거든요.
엘렌	정말요? 어떤 옷인데요?
안나	할머니께서 저에게 주신 특별한 선물이에요. 부모님이 일하시느라고 바쁘셔서 할머니가 절 키워 주셨거든요. 그런데 고등학생 때 하루는 학교에서 돌아오니까 이 옷이 침대 위에 놓여 있었어요.
엘렌	그래서요?
안나	할머니께 이게 뭐냐고 물어보니까 할머니께서 직접 만드신 옷이라고 하셨어요. 저에게 선물로 주고 싶어서 저를 생각하면서 만드셨다고 하셨어요.
엘렌	그렇군요. 이 옷은 안나 씨에 대한 할머니의 사랑이 들어 있는 특별한 선물이군요.
안나	네. 그래서 이 옷을 볼 때마다 할머니 생각이 나요.

(1) ③

(2) ① 좋아하는 모양이라고 ② 옷이 놓여 있었다 ③ 사랑이 들어 있는

말하기 pp. 42~43

1. (1) ②

2. (1) ③ (2) ③
(3) ① 학교에 가려고 준비하고 있었는데 지진이 났어요 ② 그 일을 좀 더 이야기해 주세요
③ 지진이 멈춰서 방을 나갔는데 전등이 꺼지고 창문이 깨졌어요 식탁도 부서지고 식탁 위에 놓여 있던 물병도 쓰러졌어요 ④ 많이 놀랐겠어요 괜찮아요

읽고 쓰기 pp. 44~45

1. (1) ②

2. (1) ① (2) ③ (3) ②

3.

잊지 못할 그날

오늘은 내 스물두 번째 생일이다. 반 친구들과 같이 시간을 보내려고 했지만 친구들이 모두 오늘 바쁘다고 해서 다음 주에 만나기로 했다. 그런데 아침에 갑자기 안나가 전화를 해서 시간이 괜찮으면 오늘 보자고 했다. 그래서 약속 시간에 안나가 말한 장소로 갔다.

그곳에 갔는데 문이 닫혀 있었다. 그래서 안나에게 연락하니까 먼저 들어가 있으라고 했다. 문을 여니까 다음 주에 만나기로 한 우리 반 친구들이 모두 모여 있었다.

파티 장소로 들어가니까 식탁 위에 맛있는 음식과 음료수가 준비되어 있었다. 특히 '생일 축하해! 사랑해!'라고 쓰여 있는 케이크가 놓여 있었다. 그리고 식탁 위에 꽃병에 꽃도 꽂혀 있었다. 또 벽에는 다양한 색깔의 풍선이 장식되어 있었다. '축하합니다!'라는 글이 벽에 걸려 있었고 그동안 우리가 같이 찍은 사진과 친구들이 쓴 카드가 벽에 붙어 있었다.

친구들이 나를 위해 파티 장소를 빌리고 깜짝 생일 파티를 준비했다는 말을 듣고 고마워서 눈물이 났다. 우리는 맛있는 음식도 먹고 즐겁게 놀면서 같이 시간을 보냈다. 정말 잊지 못할 행복한 하루였다.

10 단원 음식과 생활

어휘와 표현 1_ 요리 방법 p. 46

1. (1) ④ (2) ③ (3) ② (4) ①

2. (1) 채를 써세요 (2) 마늘을 깐 (3) 파를 다듬어서/다듬은 후에 (4) 국을 떠서

3. (1) 과일을 깎아 (2) 죽을 퍼서 (3) 고기를 건진 (4) 국을 저어

어휘와 표현 2_ 맛과 먹는 방법 p. 47

1. (1) ② (2) ① (3) ③

2. (1) 느끼하지 (2) 고소한 (3) 달콤한

3. (1) 뿌려 (2) 찍어 (3) 비비면

문법 1_ V-(으)ㄹ 줄 알다 (방법) p. 48

1. (1) 칠 줄 알아요 (2) 찍을 줄 몰라 (3) 지을 줄 아세요/알아요 (4) 쓸 줄 몰랐어요

2. (1) 할 줄 몰라요 (2) 탈 줄 압니다 (3) 만들 줄 알아
   (4) 끓일 줄 모르면 (5) 할 줄 모르겠어요

문법 2_ A/V-거든 p. 49

1. (1) ①, 피곤하거든 먼저 쉬어 (2) ③, 풀거든 시험지를 제출하세요
   (3) ④, 끝났거든 행복식당으로 예약하세요 (4) ②, 있거든 편하게 물어보세요

2. (1) 연락하세요, 연락할게요 (2) 가자 (3) 했거든, 했으면 (4) 오면

문법 3_ A/V-아/어도 p. 50

1. (1) 찾아도 (2) 들어도 (3) 노력해도 (4) 막혀도

2. (1) 있어도 (2) 슬퍼도 (3) 바빠도 (4) 일이어도/일이라도

문법 4_ A/V-기는 하다 p. 51

1. (1) ①, 어렵기는 했지만/했는데/했어도 잘 본 것 같다
   (2) ④, 전이기는 하지만/한데/해도 배가 별로 안 고프다
   (3) ⑤, 알기는 하지만/하는데/해도 아직 운전에 익숙하지 않다
   (4) ③, 배우기는 하지만/하는데/해도 잘 치지는 못한다
   (5) ②, 있기는 하지만/한데/해도 이름도 모른다

2. (1) 자기는 했지만/했는데/했어도 (2) 무섭기는 하지만/한데/해도
   (3) 잘하기는 하지만/하는데/해도 (4) 넣기는 했어요

더 알아보기_ 아무 N(이)나, 아무 N도 p. 52

1. (1) 아무거나 (2) 아무에게도 (3) 아무 우산이나 (4) 아무나 (5) 아무 생각도

2. (1) 아무한테서도 (2) 아무 데서나 (3) 아무 데도 (4) 아무 때나

듣고 쓰기 p. 53

1.

사회자 여러분, 안녕하세요? 오늘 만들어 볼 음식은 김치볶음밥이에요. 선생님, 안녕하세요?

요리사 안녕하세요? 많은 분들이 김치볶음밥을 만들 줄 아시겠지만 오늘은 제가 조금 특별한 방법을 알려 드리려고 해요. 먼저 김치와 파를 작게 썰어서 준비해 주세요.

사회자 그럼 이제 작게 썬 김치를 프라이팬에 볶으면 될까요?

요리사 아직요. 프라이팬에 기름을 두르고 파를 넣어서 파 기름을 먼저 만드세요. 파 기름으로 김치를 볶으면 맛이 정말 좋습니다. 이것이 더 맛있는 김치볶음밥을 만드는 방법이에요.

사회자 아, 그렇군요. 그다음은요?

요리사 이제 썬 김치를 넣고 볶으세요. 그다음에 밥을 넣고 잘 섞으면서 볶아 주세요. 조금 싱거우면 간장을 넣으시고 매운맛을 좋아하시거든 고춧가루를 더 넣어 보세요. 마지막으로 참기름을 넣으시면 됩니다. 이제 맛있는 김치볶음밥이 완성됐습니다.

(1) ③

(2) ① 만들 줄 아시는/아는 ② 좋아하시거든/좋아하거든

2.

마테오 위칭, 어제 이화시장에 갔었는데 정말 재미있었어. 너도 가 봤어?

위칭 아니. 그런데 인터넷에서 본 적은 있어. 사람들이 많이 가는 것 같던데.

마테오 맞아. 어제도 사람이 많았어. 나는 시장에 있는 여러 식당의 메뉴를 조금씩 다 맛봤어. 떡볶이랑 떡갈비, 김밥을 먹었는데 특히 떡볶이가 맛있었어.

위칭 그래? 하지만 마테오, 떡볶이는 어디서 먹어도 맛이 비슷하잖아.

마테오 그렇지. 그런데 여기 떡볶이는 독특해. 나도 떡볶이를 만들 줄 알지만 이 집은 요리법이 달랐어. 기름에 고춧가루랑 떡을 넣고 볶아서 만들었어.

위칭 그렇구나. 네 말을 들으니까 나도 가 보고 싶다.

마테오 그래. 너도 독특한 떡볶이를 맛보고 싶거든 한번 가 봐.

위칭 그래. 알겠어.

(1) ①

(2) ① 먹어도 맛이 비슷하다고 ② 만들 줄 알지만 ③ 맛보고 싶거든

말하기 pp. 54~55

1. (1) ①

2. (1) ③ (2) ②

(3) ① 된장찌개는 된장 국물에 채소를 넣고 끓인 거지만 김치찌개는 김치하고 고기를 넣고 끓인 거예요
② 좋아하기는 하지만 자주 먹는 편은 아니에요

③ 찌개만 시키면 부족하지 않을까요

④ 파전을 하나 더 시켜요 그리고 모자라거든 이따가 또 시켜요

읽고 쓰기 pp. 56~57

1. (1) ③

2. (1) ③ (2) ①

(3) ① 똠얌꿍 • • 쌀국수를 볶아서 만든 음식이다.

② 팟타이 • • 김치와 비슷하게 매운맛이 난다.

③ 쏨땀 • • 국물 음식으로 새우와 채소가 들어 있다.

3.

특별한 음식 재료, 고수

세계의 여러 곳에는 그곳만의 음식 재료가 있다. 태국, 베트남, 중국, 인도 등에서 음식을 만들 때 많이 사용되는 재료 중의 하나가 고수이다.

사람들은 보통 고수를 음식에 넣어 먹는다. <u>태국 사람들도 똠얌꿍이나 팟타이를 먹을 때 고수를 음식에 넣어 먹는다. 똠얌꿍은 매운 국물 요리이고 팟타이는 볶은 쌀국수인데 고수를 넣으면 맛이 더 좋다.</u>

고수에는 톡톡한 맛과 향이 있다. <u>그래서 조금만 먹어도 향이 아주 강하게 느껴진다. 향과 맛이 독특하기는 하지만 고수를 좋아하는 사람들도 많다.</u>

고수를 안 먹어 본 사람이라면 한번 먹어 보기 바란다. 아마 태국 음식의 맛을 제대로 느낄 수 있을 것이다.

11 단원 문제 해결

어휘와 표현 1_ 분실 p. 58

1. (1) 떨어뜨렸는데 (2) 깜박하고/깜박해서 (3) 올려놓고 나온

2. (1) ② (2) ① (3) ③

3. (1) 뒤져도 (2) 떠오르지 (3) 분실 신고하세요

어휘와 표현 2_ 고장과 수리 p. 59

1. (1) 물이 새는 (2) 작동이 안 됩니다 (3) 바퀴의 바람이 빠져 (4) 스위치가 망가진

2. (1) ④ (2) ① (3) ② (4) ③

3. (1) 서비스 센터에 맡겨서 (2) 자동차를 점검해서 (3) 출장 서비스를 받기로 (4) 부품을 교체해야/교체하면

문법 1_ A-(으)ㄴ가 보다, V-나 보다 p. 60

1. (1) 오나 봐 (2) 매운가 봐요 (3) 났나 봐요 (4) 있나 봐요

2. (1) 어려웠나 봐요 (2) 심심한가 봐요 (3) 껐나 봐요 (4) 가나 봐요

문법 2_ V-아/어 놓다 p. 61

1. (1) 골라 놓았어요 (2) 주문해 놓기로 (3) 열어 놓았는데 (4) 부어 놓았어요

2. (1) 세탁해 놓았어 (2) 만들어 놓았어 (3) 받아 놓았어 (4) 사 놓았어

문법 3_ A/V-아/어야 p. 62

1. (1) 직원이어야 (2) 눌러야 (3) 사야 (4) 가벼워야

2. (1) 써야 (2) 발라야 (3) 쉬어야 (4) 들어가야

문법 4_ A/V-(으)ㄹ 테니까 (추측) p. 63

1. (1) 막힐 테니까 (2) 좋아할 테니까 (3) 힘들 테니까 (4) 닫았을 테니까

2. (1) 올 텐데, 올 테니까 (2) 한가할 텐데, 한가할 테니까 (3) 모를 텐데
   (4) 바쁠 텐데 (5) 맛없을 텐데, 맛없을 테니까

더 알아보기_ V-(으)ㄹ 테니까 (의지) p. 64

1. (1) ①, 닦을 테니까 상을 차려 주세요 (2) ②, 탈 테니까 무서워하지 마
   (3) ④, 연락드릴 테니까 여기에 이름과 연락처를 적어 주세요
   (4) ③, 설명할 테니까 집중해서 들어 보세요

2. (1) 살 테니까 진차오 씨는 커피를 사 주세요
   (2) 맡을 테니까 진영 씨는 저를 좀 도와 주세요
   (3) 교환해 드릴 테니까 영수증을 보여 주세요
   (4) 찾아올 테니까 잠깐만 기다리세요

듣고 쓰기 p. 65

1.

위칭	조슈아 씨, 혹시 여기에서 제 장갑 못 봤어요?
조슈아	장갑요? 못 봤는데요. 위칭 씨, 장갑이 무슨 색깔이에요?
위칭	빨간색요.
조슈아	아침에 장갑을 끼고 왔죠?
위칭	네. 학교에 올 때 너무 추워서 장갑을 끼고 왔어요. 교실에서도 계속 장갑을 끼고 있다가 수업 시작할 때 책상 위에 벗어 놓았어요.
조슈아	그 뒤에는 다시 장갑을 안 꼈어요? 잘 생각해 보세요.
위칭	아! 쉬는 시간에 친구들이랑 휴게실에 갈 때 추워서 장갑을 꼈어요. 휴게실에서 커피를 마실 때 장갑을 벗었는데 그때 제가 깜박하고 휴게실에 두고 왔나 봐요.
조슈아	그럼 먼저 휴게실에 가 보세요. 거기에 장갑이 없으면 학교 분실물 센터에 연락해서 장갑이 있는지 물어 보세요.

(1) ③

(2) ① 장갑을 벗어 놓는/올려놓는 ② 두고 왔나 보다/봐

2.

진영	상우야, 너도 내 거랑 같은 게임기가 있지? 내 게임기가 고장이 난 것 같은데 뭐가 문제인지 봐 줄 수 있어?
상우	이리 줘 봐. (본 후에) 화면이 안 켜지네. 진영아, 이 게임기 충전했어?
진영	응. 어제 게임 하고 충전기에 꽂아 놓았는데 오늘 게임을 하려고 켜 보니까 충전이 안 돼 있었어. 어제 게임을 하다가 게임기를 몇 번 바닥에 떨어뜨렸는데 그때 고장이 났나 봐.
상우	게임기를 떨어뜨렸어? 내가 게임기를 살 때 들었는데 떨어뜨리면 안에 부품이 쉽게 고장 난다고 했어. 그래서 손에 들고 게임 할 때 떨어뜨리지 않게 조심해서 사용해야 고장 없이 오래 사용할 수 있다고 했어.
진영	그렇구나. 게임기를 산 지 6개월밖에 안 됐으니까 수리할 수 있겠지?
상우	응. 지금은 무료로 수리를 받을 수 있으니까 빨리 서비스 센터에 전화해 봐.

(1) ②

(2) ① 충전기에 꽂아 놓았는데 ② 고장이 났나 보다/봐 ③ 조심해서 사용해야

말하기 pp. 66~67

1. (1) ②

2. (1) ② (2) ①

(3) ① 세탁기 수리 신청하셨죠 어떤 문제가 있으세요
② 세탁기를 켜니까 소리가 크게 나고 작동이 되지 않아요
③ 일단 깨진 부품을 교체해야 돼요 세탁기 안이 더러운데 청소하면 괜찮아질 거예요
④ 세탁기 안이 더러워지면 또 고장 날 테니까 한 달에 한 번 청소하세요

읽고 쓰기 pp. 68~69

1. (1) ③

2. (1) ② (2) ③ (3) ②

3.

친절한 기사님을 칭찬합니다

제가 칭찬하려는 분은 오늘 제 노트북을 수리해 주신 이화여자대학교 근처 서비스 센터의 김영희 기사님입니다.

제가 매일 가지고 다니던 노트북이 어제 고장 났습니다. 그래서 오늘 수업 후에 학교 근처의 서비스 센터를 찾아갔습니다. 서비스 센터에 가기 전에는 노트북이 아예 꺼져서 수리할 수 없을 것 같아 걱정됐습니다.

그런데 담당 기사님은 먼저 노트북을 살펴보고 나서 저에게 부품을 교체하면 노트북이 제대로 될 테니까 걱정하지 말라고 말씀해 주셨습니다. 그리고 고장 난 원인에 대해서도 잘 설명해 주시고 노트북도 깨끗하게 닦아 주셨습니다.

기사님을 칭찬해 드리고 싶은 가장 큰 이유는 계속 웃는 얼굴로 친절하게 저를 도와주셨기 때문입니다. 수리 센터에 전자 제품을 고치러 오는 사람이 많아서 힘이 드실 텐데 웃으면서 친절하게 대해 주신 것이 감사해서 칭찬을 해 드리고 싶습니다. 친절한 기사님께 다시 한번 감사드립니다.

12 단원 나의 진로

어휘와 표현 1_ 진로 결정 p. 70

1. (1) ① (2) ③ (3) ②

2. (1) 전망이 좋아서 (2) 보수가 높은/높아서 (3) 전공을 살릴

3. (1) 미래가 보장된 (2) 적성에 맞는 (3) 재능이 있는

어휘와 표현 2_ 미래에 이루고 싶은 꿈 p. 71

1. (1) 학자의 길을 걸으면서 (2) 새로운 기술을 개발해서 (3) 실력을 인정받은 (4) 작가로 성공하고

2. (1) ① (2) ② (3) ④ (4) ③

3. (1) 사업을 확장할 (2) 나누는 삶을 살고 (3) 부모님 가게를 이어서 하려고 (4) 최고의 자리에 오를

문법 1_ V-아/어야겠- p. 72

1. (1) 열어야겠어요 (2) 봐야겠어요 (3) 잘라야겠어요 (4) 바꿔야겠어요/교환해야겠어요

2. (1) 조심해야겠네요/조심해야겠어요 (2) 누워야겠어 (3) 입어야겠네요/입어야겠어요 (4) 팔아야겠어요

문법 2_ V-(으)려다가 p. 73

1. (1) 입으려다가 (2) 만들려다가 (3) 타려다가 (4) 가려다가/하려다가

2. (1) 들으려다가 (2) 먹으려다가 (3) 담그려다가 (4) 전공하려다가

문법 3_ A/V-(으)ㄴ/는/(으)ㄹ 만큼 p. 74

1. (1) 칠 만큼 (2) 참을 만큼 (3) 아는 만큼 (4) 비싼 만큼 (5) 받은 만큼

2. (1) 어제만큼 (2) 전문가만큼 (3) 서울만큼 (4) 먹을 만큼 (5) 중요한 만큼

문법 4_ V-아/어 가다 p. 75

1. (1) 적응해 가고 (2) 와 가요 (3) 만들어 가요 (4) 쌓아 갈 거예요

2. (1) 30분이 다 돼 가는데 (2) 5년이 다 돼 가요 (3) 다 써 가요/거의 다 써 가요 (4) 다 끝나 가요

더 알아보기_ V-아/어 오다 p. 76

1. (1) 운영해 오셨어요 (2) 도와 왔대요/왔어요 (3) 연습해 왔어요/오고 있어요 (4) 모아 왔어요/오고 있어요.

2. (1) 지내 온 (2) 회복돼 가고 (3) 해 가요 (4) 봐 온 (5) 참아 온

듣고 쓰기 p. 77

1.

상우	안나 씨, 이번 학기가 끝나고 귀국한다고 했죠?
안나	네. 상우 씨. 그런데 고향으로 돌아가려다가 한국에 남기로 했어요. 한국에서 일자리를 찾아보려고요.
상우	그래요? 어떤 일을 할 생각이에요?
안나	독일에서 역사학을 전공했거든요. 전공을 살려서 일자리를 찾으려다가 최근에 '영상 번역가'라는 직업에 관심이 생겼어요. 그런데 어디에 지원해야 할지, 이쪽 일은 보수가 높은지 몰라서 고민이 돼요.
상우	그럼 그 일을 하고 있는 사람들에게 직접 물어보는 게 어때요? 제가 며칠 전에 인터넷에서 봤는데 취업에 대한 고민을 나누는 게시판이 있었어요.
안나	그래요? 어딘데요?
상우	잠시만요. 유명한 구직 사이트였는데요. 한번 찾아서 보여 줄게요. (잠시 후) 여기예요. 제목에 안나 씨 전공과 희망하는 일을 쓰고 안나 씨가 이 일에 대해 궁금한 것을 써 놓으면 관련된 일을 하는 분들이 댓글을 남길 거예요.
안나	그렇군요. 그럼 이 사이트에 가입을 먼저 해야겠네요. 상우 씨, 혹시 주말에 시간 되면 제가 여기에 올릴 글을 한번 봐 줄 수 있어요?

(1) ②

(2) ① 고향으로 돌아가려다가 ② 일자리를 찾으려다가

2.

쇼타	엘렌 씨, 마테오 소식 들었어요? 마테오가 이번 달 화제의 요리사로 뽑혔대요.
엘렌	네. 쇼타 씨. 저도 들었어요. 마테오가 일하는 식당은 항상 손님들로 붐벼서 식사하려면 몇 달 전부터 예약해야 한다고 들었어요.
쇼타	마테오는 수업 후에 식당 일까지 하느라고 바쁠 텐데 항상 교실에 제일 먼저 와 있고 수업도 정말 열심히 들었잖아요. 이번 시험도 잘 본 거 같던데요.
엘렌	맞아요. 마테오가 항상 성실하게 사는 모습을 보면 제 자신을 돌아보게 될 때가 많아요. 전 숙제를 하려다가 피곤하다는 핑계로 그냥 잔 적도 여러 번 있었거든요.
쇼타	사실 저도 마테오를 보고 뭔가 도전해 보고 싶어졌어요. 그래서 지난달부터 한국 전통 과자를 배우려고 요리 학원에 다니고 있어요.
엘렌	정말요? 쇼타 씨가 요즘 학원에 다니기 시작한 게 마테오의 영향이었군요.
쇼타	네. 한국어 공부가 끝난 후에 그냥 한국 회사에 취직하려다가 마테오 때문에 마음을 바꾼 건데 할 수 있겠죠?
엘렌	그럼요. 쇼타 씨가 최선을 다하는 만큼 좋은 결과가 있을 거예요.

(2) ③

(3) ① 숙제를 하려다가 ② 한국 회사에 취직하려다가 ③ 최선을 다하는 만큼

말하기 pp. 78~79

1. ①

2. (1) ③ (2) ①

(3) ① 어렸을 때부터 가수의 꿈을 키워 왔는데 이제 그 일에 제대로 도전해 보려고요

② 먼저 학원에 다니면서 노래 연습을 많이 할 거예요 그리고 작은 오디션부터 하나씩 도전해 가려고요

③ 사실 오디션에 나가 본 적이 없어서 걱정이 되긴 해요 노래 실력이 좋아지면 위칭 씨 말처럼 인터넷에 영상을 올려 봐야겠네요

④ 루이즈 씨가 열심히 애쓰는 만큼 좋은 결과가 있을 거예요.

읽고 쓰기 pp. 80~81

1. (1) ① ⓐ 꿈을 접다 • • 결심하다

② ⓑ 이름을 알리다 • • 유명해지다

③ ⓒ 마음을 먹다 • • 꿈을 포기하다

(① – 꿈을 포기하다, ② – 유명해지다, ③ – 결심하다)

2. (1) ③ (2) ① (3) ②

3.

나의 꿈, 나의 계획

나는 어릴 때부터 게임을 좋아해서 게임을 직업으로 하는 사람이 되고 싶었다. 그렇지만 부모님의 반대가 심해서 꿈을 접었었다. 그런데 최근에 새로운 꿈이 생겼다. 바로 게임 회사에 들어가서 게임을 개발하는 사람이 되는 것이다.

그 꿈을 갖게 된 것은 얼마 전 우연히 세계에서 게임으로 유명한 김요한의 인터뷰를 보고 나서부터다. 김요한은 나처럼 취미로 게임을 하다가 게임 실력으로 이름을 알리면서 세계 최고의 자리에 오른 사람이다. 김요한의 인터뷰 중에서 좋은 게임을 개발해 주신 분들 덕분에 게임을 더 재미있게 할 수 있었다고 말한 부분이 인상적이었다. 그때 처음 게임을 개발하는 일을 하고 싶다는 생각을 하게 됐고 유명한 게임 회사에 들어가기로 마음을 먹었다.

그래서 게임과 관련된 컴퓨터공학과에 들어가기 위해 열심히 공부해서 대학에 진학하려고 한다. 나는 내가 이렇게 게임에 많은 시간을 쏟은 만큼 다른 사람보다 게임에 대해 더 잘 안다고 생각한다. 그래서 대학 생활 동안 게임 회사에 들어가서 전 세계 사람들이 즐길 수 있는 게임을 만드는 것을 목표로 학교생활에 최선을 다할 것이다.

앞으로의 시간을 소중히 보내고 대학 졸업 후에 전공을 살려서 들어가고 싶은 게임 회사에 지원할 것이다. 나도 김요한처럼 내가 잘하는 일로 실력을 인정받아 최고가 될 것이다.

지은이 소개

책임 연구원

이정연
이화여자대학교 언어교육원 전임강사
한국외국어대학교 국어국문학과 박사

공동 연구원

김민정
이화여자대학교 언어교육원 전임강사
이화여자대학교 한국학과 박사

윤여옥
이화여자대학교 언어교육원 책임강사
이화여자대학교 한국학과 석사

전우주
이화여자대학교 언어교육원 책임강사
이화여자대학교 한국학과 박사 수료

최형연
이화여자대학교 언어교육원 책임강사
이화여자대학교 한국학과 석사

주현하
이화여자대학교 언어교육원 책임강사
이화여자대학교 한국학과 박사